U1006674

客户服务管理

主　编　张京蒲
副主编　徐　岚　盛宗玲
参　编　（按姓氏笔画顺序）
刘佳苏　苏　慧　杜翠茹　吴丽芬
张京蒲　陈丹瑜　林春华　徐　岚
盛宗玲　游艳雯

广东高等教育出版社
Guangdong Higher Education Press
·广州·

图书在版编目（CIP）数据

客户服务管理/张京蒲主编．—广州：广东高等教育出版社，2021.12（2024.2 重印）
ISBN 978－7－5361－7070－4

Ⅰ．①客…　Ⅱ．①张…　Ⅲ．①企业管理－销售服务－中等职业学校－教材
Ⅳ．①F274

中国版本图书馆 CIP 数据核字（2021）第 145913 号

客户服务管理
KEHU FUWU GUANLI

出版发行	广东高等教育出版社 社址：广州市天河区林和西横路 邮编：510500　营销电话：（020）87553335 网址：http://www.gdgjs.com.cn
印　刷	广州市友盛彩印有限公司
开　本	787 毫米×1 092 毫米　1/16
印　张	15
字　数	338 千
版　次	2021 年 12 月第 1 版
印　次	2024 年 2 月第 2 次印刷
定　价	45.00 元

（版权所有，翻印必究）

前　　言

2019年，教育部先后印发《国家职业教育改革实施方案》《关于组织开展“十三五”职业教育国家规划教材建设工作的通知》《职业院校教材管理办法》，明确提出出版一大批校企“双元”合作开发的国家规划教材，倡导使用新型活页式、工作手册式教材并配套开发信息化资源。

“客户服务管理”是中等职业学校财经商贸类专业核心课程，客服是所有企业和用户之间的沟通桥梁，是客户关系管理的关键，客户服务技能更能辐射和迁移多个岗位群。现代服务业的发展和升级，对服务技能和服务意识也越发重视，优秀的客服在掌握客户服务管理核心知识技能的同时，更需要综合运用全媒体等新型渠道开展工作，实现技能迁移和职业素养的形成。客服岗位工作任务典型，工作所需的知识目录和能力标准清晰，基于此开发活页式教材。

本教材采用“活页式教材”思路，通过行业企业调研、专家访谈、大数据分析等方法对客服岗位的工作任务、职业能力和综合素养涵盖内容进行分析分解，基于职业能力标准和呼叫中心客户服务与管理1+X证书职业技能等级标准，确定未来客服岗位工作所需的知识目录和能力标准，编制课程的教学内容和实践项目。本教材内容包括客户服务岗位技能习得、客户接待、客户咨询、产品推介、客户投诉处理、客户关系维护6个模块、18个工作任务、37个职业能力条目。

本教材的组织单元从项目、任务逐步下移到具体职业能力，每个职业能力条目的设置，在内容上又相对独立，实现教材在使用过程中结合需要可以灵活拆解，做到真正的“活”页；采用理实一体化的编写模式，以学生为中心，依据岗位职业核心能力的知识点和技能点，按照“必需、够用、兼顾发展”的原则，在教材内容编排上，统一采取“学习目标+核心概念+知识拓展+学习情境+活动设计+活动评价+知识链接+强化训练”的规范化结构框架，突出岗位能力的培养和职业核心能力的形成；结合行业发展配套较为完整的数字化教学资源，包括课件、微课、视频、音频、动画、习题等，形成专业立体的数字化资源库。在教学实践过程中，根据教学设计选择资源，在课前学习、课堂教学、课后巩固中与活页式教材配套，做到真正立体化教材，教师可以对工作任务、能力条目、数字化资源进行选择组合，真正实现因材施教，同时也能满足学生自主探究式学习需求。

本教材既可以作为中等职业学校财经商贸类专业的教材和客服岗位技能比赛训练用书，也可以作为企业客服从业人员的培训用书。本教材以工作任务为基本模块，以岗位职业能力条目为组织单元，条块分明，既独立又系统，读者可以系统地学习全部内容，也可以选择某个职能力条目单独学习；教材内容源于企业，基于企业真实场景，同时融入行业新技术，又高于企业，具有实践性、普适性、前瞻性，应用面广；作为文科类服务类，目前较少有活页式教材，本教材的发行将对文科类活页式教材开发提供参考价值。

本教材由广州市财经商贸职业学校“客户服务管理”课程建设小组共同编写，张京蒲担任主编，徐岚、盛宗玲担任副主编。其中，模块1由盛宗玲、徐岚编写，模块2由徐岚、陈丹瑜编写，模块3由张京蒲编写，模块4由张京蒲、盛宗玲、林春华、苏慧编写，模块5由刘佳苏、吴丽芬编写，模块6由游艳雯、杜翠茹编写。

本教材在编写过程中得到南京司书软件系统有限公司、广东电信、北京华唐科技集团有限公司的大力帮助，在此表示衷心的感谢。此外，我们还大量参考了国内外相关教材、资料，并从网上选用了一些案例和材料。在此，向所有文献的作者表示衷心的感谢。

由于笔者水平有限，书中难免有不当之处，有些问题可能还值得商榷，敬请各位专家、同行及广大读者批评、指正，以便我们进一步完善。

编　者

2021年6月

目　　录

1　客户服务岗位技能习得

工作任务　1－1　规范用语/2

职业能力　1－1－1　能准确使用规范用语进行专业化服务表达/2

职业能力　1－1－2　能运用吐字发音技巧开展优质语音服务/8

工作任务　1－2　规范礼仪/14

职业能力　1－2－1　能根据商务场合选择合适的妆容与服饰/14

职业能力　1－2－2　能根据商务场合展示规范得体的服务仪态/19

工作任务　1－3　系统操作/26

职业能力　能够正确使用系统平台进行信息化服务/26

工作任务　1－4　商务文书/34

职业能力　能根据商务活动撰写规范的商务文书/34

2　客户接待

工作任务　2－1　接待准备/42

职业能力　2－1－1　能确认来访客户信息并确定接待规格/42

职业能力　2－1－2　能制作接待日程安排表并准备相关资料/50

职业能力　2－1－3　能根据会议类型和规格合理布置会场/56

工作任务　2－2　接待实施/63

职业能力　2－2－1　能按照接待规范迎接客户/63

职业能力　2－2－2　能按照接待规范提供会间服务/69

职业能力　2－2－3　能按照接待规范陪同参观/75

职业能力　2－2－4　能按照接待规范欢送客户/80

3　客户咨询

工作任务　3－1　咨询准备/88

职业能力　能做好咨询准备并进行首语问好/88

工作任务　3－2　受理咨询/94

职业能力　3－2－1　能耐心礼貌地倾听客户问题并及时记录/94

职业能力　3－2－2　能通过向客户提问了解客户的真正需求/100

工作任务　3－3　复述解答/106

职业能力　3－3－1　能正确复述客户问题并与客户确认/106

职业能力　3－3－2　能按照业务规则正确答复客户咨询/111

4　产品推介

工作任务　4－1　推介准备/120

职业能力　4－1－1　能利用大数据描绘用户画像/120

职业能力　4－1－2　能根据客户特点探询客户需求/127

工作任务　4－2　推介产品/132

职业能力　4－2－1　能根据客户需求和产品特点撰写推介话术/132

职业能力　4－2－2　能运用销售技巧妥善处理客户异议/137

职业能力　4－2－3　能执行推介话术并抓住成交时机促成交易/142

工作任务　4－3　处理订单/148

职业能力　4－3－1　能遵守销售规定准确核实信息生成订单/148

职业能力　4－3－2　能够按照订单运作流程完成订单跟踪/154

5　客户投诉处理

工作任务　5－1　受理投诉/162

职业能力　5－1－1　能受理客户投诉并准确记录投诉内容/162

职业能力　5－1－2　能准确了解客户投诉的原因并深入分析/168

工作任务　5－2　处理投诉/174

职业能力　5－2－1　能够积极应对客户情绪并进行有效管理/174

职业能力　5－2－2　能运用一般投诉处理规则和方式处理客户投诉/181

工作任务　5－3　跟踪反馈/187

职业能力　5－3－1　能进行投诉反馈跟踪并填写投诉处理反馈表/187

职业能力　5－3－2　能对相应的投诉问题进行整理归纳/193

6　客户关系维护

工作任务　6－1　整理分析/200

职业能力　6－1－1　能整理客户信息并完善客户档案/200

职业能力　6－1－2　能根据客户档案进行客户分类/207

工作任务　6－2　回访客户/213

职业能力　6－2－1　能根据客户特点制订回访计划/213

职业能力　6－2－2　能按照规范流程完成客户回访/217

工作任务　6－3　客情维护/223

职业能力　6－3－1　能根据客户类型制订客情维护计划/223

职业能力　6－3－2　能用客情维护方式和技巧维护客情/229

1

客户服务岗位技能习得

工作任务 1-1 规范用语

职业能力 1-1-1 能准确使用规范用语进行专业化服务表达

学习目标

1. 能准确使用规范用语进行沟通。
2. 能根据不同情境灵活使用服务用语。

核心概念

规范用语：客服人员使用标准的词汇、语法和谈话技巧进行沟通，为客户提供优质服务。

服务用语：客服人员在服务过程中的基本工具，掌握并灵活运用服务用语，有助于展现客服的职业素养，也有利于树立企业良好的形象。

图 1-1-1

1-1-1 微课
“规范语音语调”

基础知识

1. 服务用语基本词汇

您好、请问、请讲、请稍等、很抱歉、对不起、麻烦您、不用谢、不用客气、请您再说一遍、感谢您的耐心等待、谢谢、再见，等等。

2. 开头问候语

（1）开头语的时间界定。

为了提高客户服务的亲切度，早上（凌晨 0:00—12:00）时在欢迎语前加“早上好！”，若是下午和晚上则按正常说“您好！”。

（2）常规开头语。

“您好，××公司欢迎您的光临，请问有什么可以帮助您？”

“您好，客服专员×××很高兴为您服务，请问有什么可以帮助您？”

“您好！我是××公司客服专员，想和您沟通×××，请问您现在是否方便？”

3. 结束语

“感谢您的咨询，请问还有什么可以帮助您？”

“感谢您的咨询，祝您生活愉快，再见！”

“感谢您的到来，欢迎下次光临。”

4. 节假日服务用语

“节日好（元旦快乐等），客服专员×××很高兴为您服务，请问有什么可以帮助您？”

“感谢您的咨询，再次祝您节日快乐！”

5. 征询客户意见的服务语言

“您觉得怎么处理会比较好呢？”

“您看除了刚才您提到的两点以外，还有没有我们双方都能够接受的建议呢？”

6. 服务禁语

（1）不能对客户直呼姓名。

（2）不能责问、训斥或反问客户。

什么怎么样？/为什么？/什么？/说什么？/你到底在说什么？/你到底想查什么？

（3）态度傲慢、厌烦。

不行就是不行，这是规定。/你问我，我问谁？/你问的问题没法查，我没办法。/有意见找领导去，要告就去告！/你有什么了不起！你有没有搞错？/你这人怎么这样说话！你怎么这么啰唆！你烦不烦啊！不烦我烦了！/我现在很忙，稍后你给我打过来。

（4）推诿客户。

我不清楚，我不知道，你找××地方问。/这不是我办理的。/我们公司就是这么规定的。/我查不到，你拨××电话去查。/你自己先查清楚。/这事不属于我管。/这事没办法，你自己想办法吧。

学习情境

◆ 情境一 ◆

黄小姐今天在商场购买了一台某品牌2513E型号的电视机，回家后却发现少了遥控器和说明书，黄小姐十分生气地来到家电售后服务中心进行投诉，如果你是客服专员，遇到客户投诉时，需要怎样使用规范用语？

（1）接到客户投诉，客服人员需要细心聆听，多使用致歉的规范用语。

“黄女士，我首先对此问题给您带来的不便表示歉意，为了便于我尽快找到您的购买记录，请您告诉我您的订单号。”

（2）能直接答复客户的，则提出解决方法。这时使用征询客户意见的服务用语。

“黄女士，很抱歉这是我们公司的失误，我们立刻给您补齐，您看这样处理可以吗？”

（3）不能直接答复的，则告知处理流程，切不可推诿客户。

“您的（投诉/反映）内容我们已做好了详细记录，会很快转发到相关部门解决，请留下您的联系方式，处理完毕后我们会将结果立即通知您。”

◆ 情境二 ◆

李小姐由于母亲住院急需 80 万元汇款，但是银行业务办理柜面等候客户较多，她十分焦急。银行网点负责人王经理了解情况后一边安抚客户情绪，一边将客户引导到智能终端前，耐心仔细地指引客户办理异地汇款业务。李小姐顺利完成汇款，十分感谢王经理，并随即拨打 95588 服务热线对该网点的优质服务提出表扬。如果你是银行客服专员，遇到客户致谢时，应该怎么办？

（1）热情感谢客户。

“不用客气，这是我们应该做的。”

“不客气，很高兴能为您服务。”

“很高兴听到您的认可，我们会继续努力的，谢谢您！”

（2）若客户进一步表扬，客服人员：“这是我们应该做的，感谢您对我们银行工作的支持，欢迎您再来。”

◆ 情境三 ◆

某银行正在举行年底积分兑换礼品活动。李小姐是该银行客户，今天她打电话咨询银行积分以及兑换礼品的截止时间。如果你是客服专员，客户提出的问题需要查询后方能解答，应该如何处理？

（1）应听清问题，并再次确认。

“××先生/女士，您是需要查询积分吗？请稍等，我立即为您查询一下，可以吗？”

（2）如没有明白客户所提出的问题时。

“对不起，××先生/女士，请您再重复一遍，可以吗？”

（3）正在查询资料时，如客户催促。

“对不起，××先生/女士，请您再等等，好吗？”

（4）如果遇到后台设备故障，无法查询、回复客户咨询时应真诚道歉。请客户留下联系方式，等设备正常后及时与客户联系。

“对不起，我们后台系统发生了故障，暂时无法立刻查询您所需的资料，请您稍后来电，好吗？”

活动设计

1. 活动条件

客服工作台、镜子、椅子。

2. 活动组织

（1）大家分成 8 组，每组 6 人（根据班级人数进行调整）。2 人作为客服人员，2 人作为客户，2 人作为客服主管（评价员）。

（2）每组按照各自不同的三种模拟情境模拟题进行实训，角色轮换操作。

（3）完成一轮训练后，大家及时点评纠错，再进行第二轮情境训练。

（4）巩固准备步骤和标准，并且举一反三，进行第三轮训练。

3. 注意事项

活动时控制音量。

4. 活动实施

活动实施见表 1－1－1。

表 1－1－1　活动实施

序号	步骤	操作及说明	服务标准
1	首语问好	（1）在首语问好前，保持良好心态，给予自己肯定的心理暗示。 （2）区分常规开头语和开头语的时间界定，根据不同的场景，灵活使用开头问候语。	（1）声音自然、亲切悦耳，语速适中，面带微笑。 （2）注意用词的规范性和发音的准确性，以及仪容仪态。
2	过程沟通	根据一般服务场景，恰当使用规范用语进行提问和答复。	（1）切记不能使用服务禁语。 （2）认真聆听，保持与对方相符的语速回复，口齿清晰，音量适中。 （3）使用积极语气，不可出现态度傲慢、直呼其名、无视顾客、语气蛮横等情况。 （4）语速控制在 130～180 字/分钟。
3	尾语告别	与顾客交流临近尾声时，应恰当地使用结束语为服务画上一个圆满句号	（1）使用规范结束语完成尾语告别。 （2）目光柔和、亲切，结束的话要简明扼要

活动评价

活动评价见表 1－1－2。

表 1－1－2　评价表

评价标准	评价（是/否）		
	情境一	情境二	情境三
能礼貌地进行首语问好			
能细心聆听，了解投诉内容，使用致歉规范用语/能按规范使用服务用语，使用肯定的语气表示感谢			
能使用规范用语安抚客户情绪			
能使用规范用语提出处理方法			
能认真听清问题，并再次确认信息			
能使用礼貌用语让客户等候系统查询时间			
能规范地告知客户后台故障这一突发情况			
能使用规范的结束语完成尾语告别			

知识链接

1. 服务禁忌

（1）讲话时轻易打断客户说话。

（2）电话沟通结束时，在客户挂机前挂机。

（3）在与客户沟通过程中与同事交谈。

（4）在沟通过程中出现较长时间的冷场（如超过 5 秒等）。

（5）与客户发生争执。

（6）与客户闲聊或开玩笑。

（7）频繁使用口头禅、非礼貌性语气助词（如嗯、那个、这个、就是说等）。

（8）与客户沟通时打哈欠、吃东西。

2. 视频“用声音塑造自己的完美形象”

1－1－2 视频“用声音塑造自己的完美形象”

强化训练

假如你是10086客服专员，请完成以下情境训练。

（1）如果你是客服专员，遇到客户讲方言时，应该怎么办？

（2）如果你是电话客服专员，遇到客户声音太小时，应该怎么办？

（3）如果你是网络客服专员，在与客户线上沟通过程中遇到网络故障，短暂下线时，应该怎么办？

职业能力 1-1-2 能运用吐字发音技巧开展优质语音服务

学习目标

1. 能使用专业的语音。
2. 能使用专业的语调。
3. 能使用专业的语速和节奏。

核心概念

语音：说话的音量大小。
语调：说话的轻重变化。
语速：说话时的速度快慢。

专业优质的语音、语调和语速，可以展现客服人员的专业性，可以更好地开展服务，也可以提升客户服务质量和客户满意度。

图1-1-2

1-1-3 微课
“语音语调”

基础知识

1. 优质客服的语音要求

（1）咬字要清晰：发音标准，字正腔圆，没有乡音、杂音。
（2）音量要恰当：说话音量既不能太响，也不能太轻，以客户感知度为准。
（3）音色要甜美：声音要富有磁性和吸引力。
（4）语调要柔和：说话时语气、语调要柔和，恰当把握轻重缓急、抑扬顿挫。
（5）语速要适中：语速适中，让客户听清楚说话内容。

2. 语音

呼吸和吐字归音是科学发声的两个基本要素。

（1）呼吸是发声的基础，科学的呼吸方法是胸腹联合呼吸，这种方式吸气量大，增强了呼吸的稳健感，容易发出坚实、浑厚的嗓音。客服人员掌握此方法要特别强调坐姿和坐态，人坐正，略微挺胸收腹，同时全身肌肉放松。

吸气要领：吸到肺底—两肋打开—腹壁站定。

呼气要领：稳劲—持久—及时补换。

（2）吐字归音。吐字归音强调的是对发音动作过程的控制，是一种经过加工的艺术化的发音方法，目的是做到吐字发音准确、清晰，语言流利。

咬狠：字头咬狠咬重。

吐圆：字腹均衡、丰满、圆润、宽广。

收准：将字尾干净利落地收到准确的位置上。

3. 语调和语气

（1）语调。语调是指说话的腔调，即语句里语音高低、快慢、升降的变化，用以表达感情的抑扬顿挫。其中，以结尾的升降变化最为重要。语调随语气和感情的变化而变化。

升调时，注意前低后高、语气上扬。由平向上升高，句末明显上扬，常用于表达喜悦、兴奋、惊异、号召四种感情，也常用于疑问句。

降调时，注意调子逐渐由高降低，末字低而短。先平后降，句末明显下降。用以表达感叹、请求、自信、肯定、劝阻、允许等感情。常用于祈使句中。

平调时，始终平直舒缓，没有显著的高低升降变化，句末音节与句子基调基本持平。

（2）语气。语气能明显表达思想情感，客户能从语气中感知你的态度。在沟通过程中，应该使用友好、热情、诚恳和自信的语气。

4. 语速与节奏

（1）语速。语速是指说话时吐字的快慢。语速可以分为快速、中速和慢速。

快速：每分钟 200 ~250 字。

中速：每分钟 130 ~180 字。

慢速：每分钟 100 字以下。

在为客户服务过程中，语速要适中，尽量匹配客户的语速和情绪，当遇到不同意见的时候，需要迅速地想，慢慢地说。

（2）节奏。节奏是指沟通过程中显现的抑扬顿挫、轻重缓急。恰到好处的停顿能让客户有机会参与到谈话当中。停顿频率：句与句之间停顿 1 ~2 秒。

学习情境

◆ 情境一 ◆

1－1－4 微课
“中国移动优秀客服案例”

你是中国移动客户服务代表，你正在服务中心接待客户王先生。王先生的投诉内容是他发现其本月的话费非常高，打客服电话查询话费后，发现在他不知情的情况下开通了语音信箱以及未接来电提醒业务，这为每个月增加了50元的话费开支。王先生非常生气，大声抱怨，这时你应该怎么办?

（1）尽快安抚客户情绪，使用共情心理进行安抚，如“您好，我很理解您的心情”。

（2）客服人员的说话音量要比客户低，语速比客户慢，并逐渐让客户的音量下降。

◆ 情境二 ◆

张女士是美妆店会员，前天她在专柜购买了一套护肤品，由于当天没有现货，专柜人员承诺第二天帮她邮寄到家。今天，张女士致电客服中心询问有没有发货。经系统查询，由于调货原因，物品将于今天发货。

张女士性格急躁、语速较快，如果你是客服中心接线专员，请问应该如何处理?

（1）首先自己保持的良好心态，同时稳定客户情绪。

（2）客服可以在保持音量不变的情况下接近客户的语速，这样可以缩小与客户的距离，更容易得到客户的认可。

（3）如果客户语速太快听不清，可以礼貌地请求客户减慢语速“您好，麻烦您稍微讲得慢一点，这样我能更好地了解您的想法，谢谢”。

◆ 情境三 ◆

小钱在前两个月购买了一台笔记本，最近经常发生笔记本电源指示灯亮，但系统不运行，LCD也无显示，于是小钱打了笔记本厂商的客服电话进行咨询。针对这个问题有以下解决方法：①持续按住电源开关4秒来关闭电源，再重新启动检查是否启动正常。②检测外接CRT显示器是否正常显示。③检查内存是否插接牢固。

如果你是客服专员，当讲述比较重要的操作步骤时，应该怎么办?

（1）当讲述比较重要的内容时，可以要求客户进行记录“您好，这是比较关键的操作步骤，麻烦您记录一下”。

（2）客服人员需要放慢语速，给客户思考和理解的时间。

（3）如果需要，可以复述内容“您好，这个内容比较重要，我再为您重复一遍”。

活动设计

1. 活动条件

客服工作台、工作准备间、镜子、椅子。

2. 活动组织

（1）大家分成8组，每组6人（根据班级人数进行调整）。4人作为客服人员，2人作为客服主管（评价员）。

（2）每组按照各自不同的三种情境模拟题进行语音语调的实训，轮换角色操作。

（3）完成一轮训练后，大家及时点评纠错，再进行第二轮情境训练。

（4）巩固准备步骤和标准，并且举一反三，进行第三轮训练。

3. 注意事项

在训练过程中注意安全。

4. **活动实施**

活动实施见表1－1－3。

表1－1－3　活动实施

序号	步骤	操作及说明	服务标准
1	呼吸训练	（1）吸气练习。 闻花：远处飘来了一股花香，香气四溢，是什么花的味儿呢？你似乎闻到了花的芳香，深深吸进，你会觉得肺的下部与腰部都充满了气息。 吸气要领：吸到肺底—两肋打开—腹壁站定。 （2）呼气练习。 模拟吹灰尘：假如桌面上布满了灰尘，深深吸口气，然后把灰尘均匀地吹净。 呼气要领：稳劲—持久—及时补换。	（1）每个内容练习5遍。 （2）坐正，略微挺胸收腹，同时全身肌肉放松。 （3）在呼气和吸气时状态松弛。
2	吐字练习	朗读“基础吐字练习”和“文明用语顺口溜”。	（1）每个内容朗读5遍。 （2）坐正，略微挺胸收腹，同时全身肌肉放松。 （3）发音咬字清晰，朗读流利。
3	语调练习	（1）升调朗读：这次项目比稿我们赢了！ （2）降调朗读：您说得确实没错。 （3）平调朗读：这个问题，我需要再咨询相关负责部门。 （4）曲调朗读：您好，我想再次明确，您这次咨询的内容是查询积分还是查询会员权利？	（1）每个内容朗读2遍。 （2）坐正，略微挺胸收腹，同时全身肌肉放松。 （3）语调突出。
4	语气练习	分别用平淡、喜悦、悲伤、仇恨、怀恋、轻蔑6种语气朗读： “感谢您的咨询”“欢迎下次再来”。	（1）每种语气朗读1遍。 （2）坐正，略微挺胸收腹，同时全身肌肉放松。 （3）语气突出。
5	语速练习	以中速朗读“中国银行简介”	（1）每分钟控制130～180字。 （2）朗读清晰，停顿适宜

活动评价

活动评价见表1－1－4。

表1－1－4　评价表

评价标准	评价（是/否）		
	情境一	情境二	情境三
能使用规范用语安抚客户情绪			
能降低自身音量			
能保持心态平和			
能达到与客户相近的语速			
能根据客户反应放慢语速			
能根据需要重复内容			

知识链接

人声的分类

根据人声带的大小、形状、厚薄，音色差异以及音域高低宽窄不同，人的声音可以分为以下六类。

女声三类：女高音、女中音、女低音。

男声三类：男高音、男中音、男低音。

女高音的音色特点：高音区音色明亮、圆润、轻松自如，中低音区力量力度较弱。

女中音的音色特点：整个中音区音色明亮、丰满、浑厚圆润。

女低音的音色特点：中低音区音色浑厚、结实有力。

男高音的音色特点：中高音区音色明亮、纯净，有穿透力，低音略弱。

男中音的音色特点：音色饱满、结实。

男低音的音色特点：音色深沉厚重、宽广有力。

强化训练

如果你是电话客服人员，请运用合适的语音语速，向客户介绍公司的“来电提醒”业务，并提交音频作业。

【业务简介】

来电提醒是通过短信将客户处于关机或不在服务区时等状态、客户漏接的电话号码进行短信提醒。保证客户在关机或不在服务区等状态下，也不会错过所有来电信息。

【使用方法】

主动向用户发送短信提醒；

用户无须单独使用；

业务资费：功能费；

功能费：3 元/月；

具体资费以当地通信运营商公布为准。

【办理方式】

1. 客户范围

向通信运营商各品牌客户开放。

2. 受理渠道

客户可以通过营业厅、100 × ×、编辑短信 LDTX 发至 100 × ×或网上营业厅等方式开通业务和取消业务。

工作任务 1－2 规范礼仪

职业能力 1－2－1 能根据商务场合选择合适的妆容与服饰

学习目标

1. 能根据商务场合选择合适的妆容。
2. 能根据商务场合选择得体的服饰。

核心概念

仪容：通常是指人的外观、外貌。

仪表：人的外表，包括人的容貌、服饰、体态和举止等方面，是一个人精神面貌的外观体现。

仪容仪表强调人的外观、外貌在交际中的重要性。

1－2－1 微课
“职场礼仪”

(a)

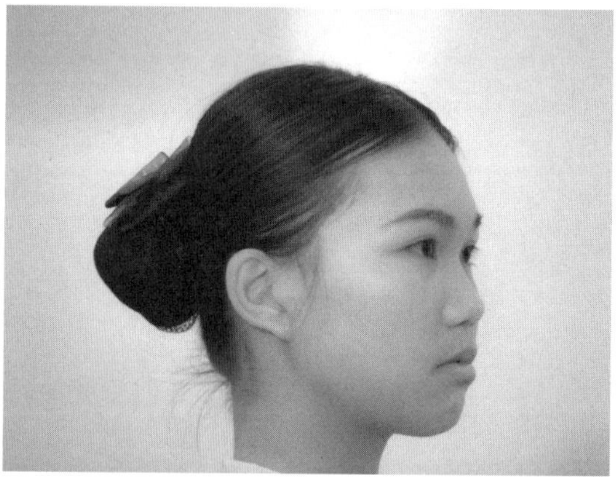
(b)

图 1－2－1

基础知识

1. 面容修饰的标准要求

(1) 头发：干净、整洁，无头屑，不做奇异发型。男士头发不应该过长，前部的头发不要遮住眉毛，侧部的头发不要盖住耳朵，后部的头发不要长过衬衫领子的上部。女士发型应保持美观、大方，根据年龄、职业、场合的不同，梳理得当，佩戴头饰庄重大方。

（2）面部清爽：男性宜每日剃须修面；女性宜淡妆修饰；并经常注意去除眼角、口角及鼻孔的分泌物，保持牙齿整齐洁白，口中无异味，嘴角无唾沫，会客时不嚼口香糖。

（3）手：干净、指甲整齐、无污垢，不留长指甲，定期修剪指甲并保持手部洁净。女性在正式场合不宜涂抹浓艳的指甲油。

2．职场化妆的标准要求

（1）清淡雅致。以清淡为主，即自然妆，讲求自然大方、朴实无华、素净雅致。

（2）简洁明快。以简妆、工作妆为主调。主要化妆部位是嘴唇、面颊和眼部。

（3）适度合宜。针对工作实际需要，讲究化妆的程度要适当。

（4）色彩自然。在用色上柔和自然，不能过分妖艳。

3．服饰要求

（1）上班时穿着要着正规服装，适合穿制服、套装、套裙、连衣裙等，饰品佩戴以少为佳。社交活动时穿着打扮则宜讲究时尚、展现个性。

（2）服装干净、整洁、无污迹、无褶皱、无破损、不开线、不掉扣。衬衫下摆不得露出外套。如有工号牌，应戴在左胸上方，位置统一、端正。

（3）服饰搭配遵循国际通行的“TPO”三原则。

T（Time）表示时间，即穿着要应时。不仅要考虑时令变换、早晚温差，而且要注意时代要求，尽量避免穿着与季节格格不入的服装。

P（Place）表示场合，即穿着要应地。上班要穿符合职业要求的服饰，重要社交场合应穿庄重的正装。衣冠不整、低胸露背者不宜进入博物馆之类的庄严场所。

O（Object）表示着装者和着装目的。要根据自己的工作性质、社交活动的具体要求、自身形象特点来选择服装。

（4）女士着装不宜“薄、透、露”，内衣“太透”会给人以轻浮之感。

1－2－2 **微课**
“仪容仪表”

（5）鞋：高度适中、以舒适为宜。

4．总体要求

（1）熟悉本企业或本部门的仪容仪表、行为规范要求。

（2）自觉按照规范要求准备相关物品。

（3）上班时，不在客人面前或公共场所整理仪容仪表。

学习情境

◆ 情境一 ◆

如果你是一名前台服务人员，负责接待来访客户，请问应当如何整理面部妆容？

上班前，在工作准备间整理仪容，做到精神饱满，面带微笑，表情自然，不带个人情绪，保持面部皮肤清洁，不油腻。男员工不得蓄胡须，每天上岗前都要刮胡子；女员工上岗前应轻描淡妆，不得浓妆艳抹或不化妆。不得将化妆用品摆放在前台，不得当众整理仪容。

◆ 情境二 ◆

如果公司没有对发型做出具体规定，女性员工应当如何处理自己的发型？

对于女性来说，太长的头发是非职业化的信息，工作场合女士不宜梳披肩发，头发不可挡盖眼睛，不留怪异的发型；头发过肩的，工作时要扎起，宜拢在脑后，或束或挽或盘，以深色的发夹网罩为好。发型的选择要符合自己的职业，符合自己的内在气质和风度，符合自己的年龄、身材和脸型，显示和谐之美。同时，要慎重染色。

◆ 情境三 ◆

如果所在的公司没有统一配发工作装，客服人员应当如何着装？

客服人员着装应当优雅大方，遵循三个标准：一是整洁，二是得体，三是易于工作。忌过分杂乱、过分鲜艳、过分暴露、过分透视、过分怪异、过分紧身。

活动设计

1. 活动条件

客服工作台、工作准备间、镜子、化妆用品、工作服。

2. 活动组织

（1）给定若干时间，全体同学按规范要求整理妆容及着装，然后依次排列，由3~5人组成评价员，逐个检查。

（2）按6~8人分成若干组，每组按照各自不同的三种情境模拟题进行实训，角色轮换操作。

（3）完成一轮训练后，大家及时点评纠错，再进行第二轮情境训练。

（4）巩固准备步骤和标准，并且举一反三，进行第三轮训练。

3. 注意事项

（1）在整理妆容及着装期间，不能大声喧哗。

（2）整理完自己的妆容及服饰后，要将化妆台收拾干净、整齐，将所有物品回归原位。

4. 活动实施

活动实施见表1-2-1。

表1-2-1 活动实施

序号	步骤	操作及说明	服务标准
1	整理面部妆容	上班前，进入工作整理间，面对镜子检查面部，修饰妆容	保持面部皮肤清洁、不油腻；男员工每天上岗前都要剃须修面。女员工上岗前应轻描淡妆，不得浓妆艳抹或不化妆

续上表

序号	步骤	操作及说明	服务标准
2	整理头部妆容	统一束发，或按公司规定整理头发	头发干净整齐、不油腻。女员工前发不遮眼，后发不超过肩部，头发统一盘发或按要求束发；男员工后发根不超过衣领，不盖耳
3	检查双手	检查双手是否清洁，及时修剪手指甲	保持手部整洁、无污垢；指甲须定期修剪并保持清洁，长度不应超过指尖；指甲可涂透明或粉色指甲油，美甲不可夸张
4	整理着装	统一穿工作服或按公司规定着装，检查服饰细节	上班期间身着工作服，保持制服的清洁、笔挺和完好，并及时更换和清洗；注意制服的衣领、袖口、衣袋及边线有无破损；着装时不可挽袖口及裤腿，衣领领口及袖口要扣紧，不可露出内衣；男员工衬衣下摆应放入长裤内，穿西装要系领带、穿皮鞋；上班期间可根据公司要求佩戴铭牌（佩戴在工作服左胸的正上方，成一条直线：不可倾斜）；不可当着客人的面在公众场合整理着装

活动评价

活动评价见表1－2－2。

表1－2－2　评价表

评价标准	评价（是/否）		
	情境一	情境二	情境三
能在上班前整理完毕			
能收拾好个人化妆用品，不外露			
妆容大方得体，适合前台接待			
精神饱满，面带微笑，表情自然			
能按规范要求整理好自己的头发			
能保持头发无异味、无异物			
制服、鞋袜干净统一、符合岗位规范			
服饰干净整洁、得体大方			
能正确佩戴工牌			

知识链接

1. 西服着装遵循“三个三”原则

（1）全身颜色不能超过三种。男士在出席正式的商务活动时，西服套装全身上下的颜色不能超过三种或三个色系。这样的穿着能让人觉得庄重、正式。

（2）在参加商务活动时，“鞋子、腰带、公文包”三个部位应尽量保持一个颜色（首选黑色）。

（3）注意三个细节：其一，袖子上的商标应拆掉；其二，在重要的涉外商务交往中忌穿夹克时打领带；其三，穿西装、皮鞋的时候，袜子和皮鞋尽量保持同一个颜色，忌穿白色袜子和尼龙袜子。

2. 女士着装“五不”原则

（1）不穿黑色皮裙，尤其是在涉外商务活动中。

（2）正式高级场合不光腿。

（3）不穿残破的袜子。

（4）不穿不配套的鞋袜。

（5）裙袜之间不空白，不要“三节腿”。

强化训练

请选择以下的一个情境进行练习，并将最佳成果拍照上传。

（1）如果你是一名拥有披肩长卷发的女性客服人员，上岗前应该如何整理你的头发？

（2）如果你将陪同公司领导参加一个商务会谈，请问你将如何选择妆容与服饰？

（3）冬天你被安排在公司门口进行迎宾服务，请问你将如何着装？

职业能力 1-2-2 能根据商务场合展示规范得体的服务仪态

学习目标

1. 能使用规范的坐姿。
2. 能使用规范的站姿。
3. 能使用得体的眼神礼仪。
4. 能使用得体的微笑礼仪。

核心概念

仪态：也叫仪姿、姿态，泛指人们身体所呈现出的各种姿态，它包括举止动作、神态表情和相对静止的体态，如站姿、坐姿、手势、微笑等。在人际交往中，仪态礼仪能展示出一个人的精神状态和文化教养，又称为“体态语”。

图 1-2-2

基础知识

1. 坐姿

坐姿要领如下：

（1）入座轻缓，重心垂直向下或稍向前倾，收腹立腰，双肩放松平放，双手放在膝盖或椅子的扶手上。

（2）双膝并拢，男士可将双膝略微分开，但不应超过肩宽。

（3）坐时不要把椅子坐满（服务人员应坐椅子的2/3），但不可坐在边沿上。

（4）表情自然，面带笑容，双目平视前方或注视交谈对象。

（5）可将双膝转换一定角度，自然摆放社交场合坐姿（见图1－2－3、图1－2－4）。

女士坐姿：

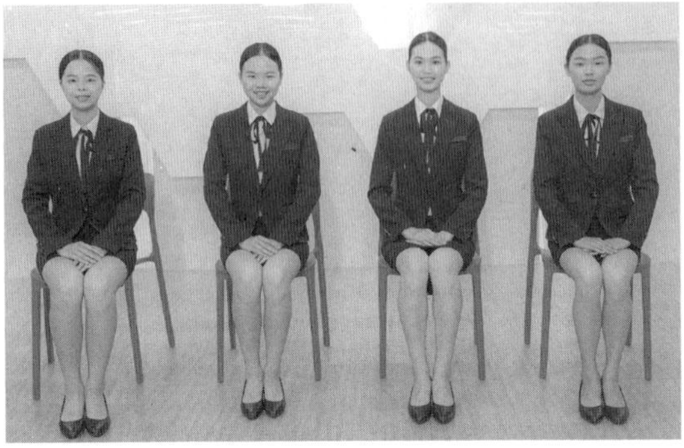

（a）标准式

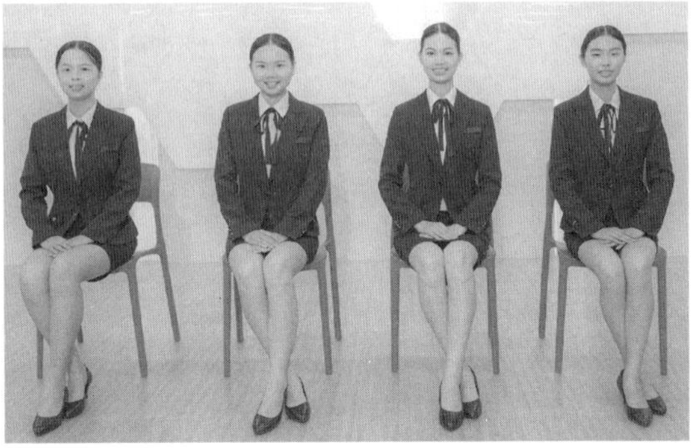

（b）前交叉式

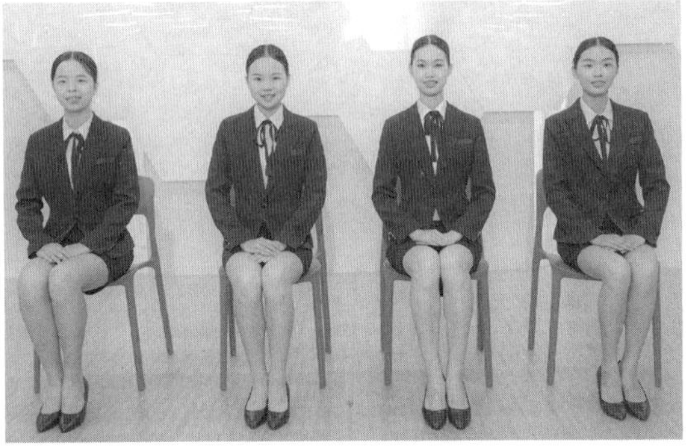

（c）后点式

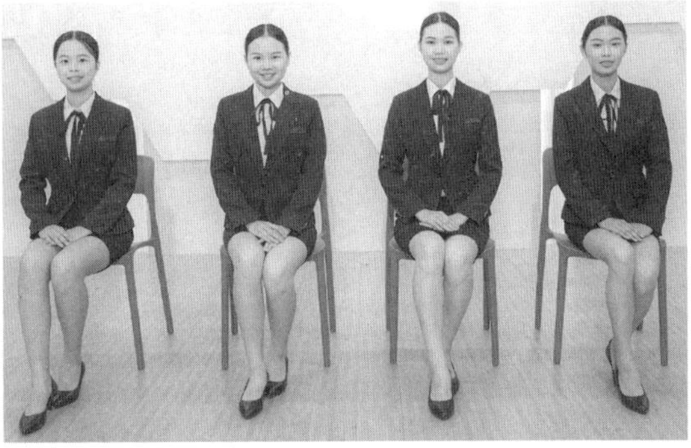

（d）曲直式

（e）侧挂式

（f）重叠式

图1－2－3

男士坐姿：

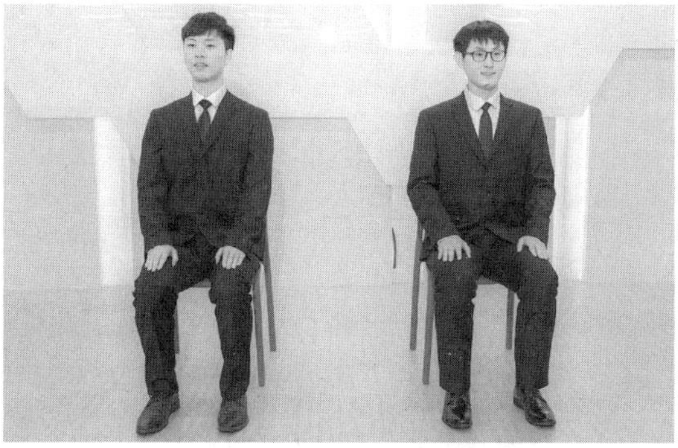

（a）标准式

（b）前伸式

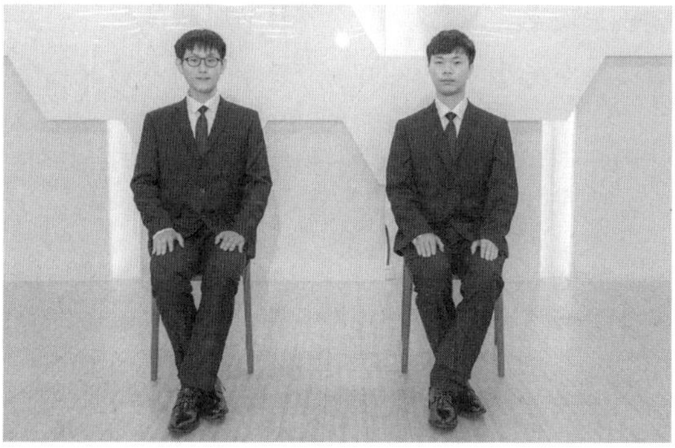

（c）前交叉式

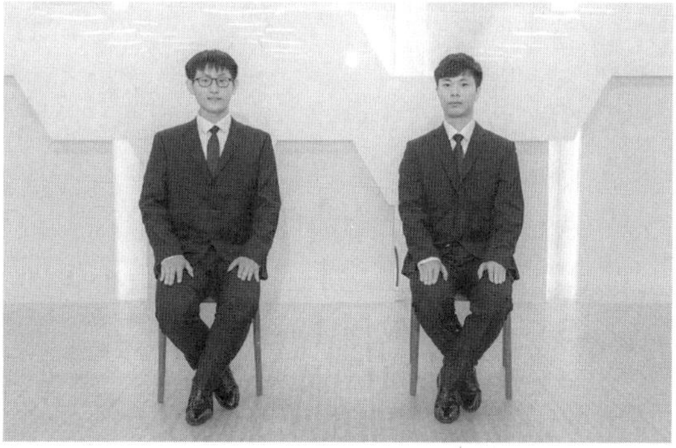

（d）交叉后点式

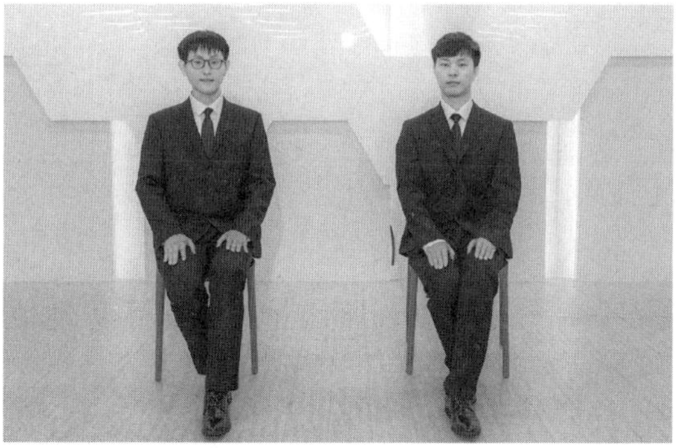

（e）曲直式

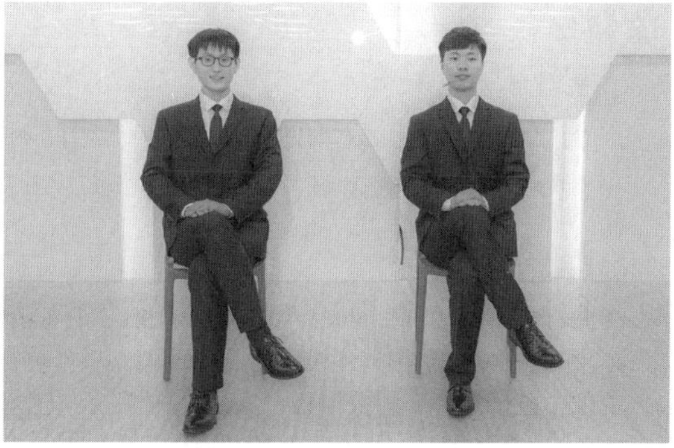

（f）重叠式

图 1－2－4

2. 站姿

正确的站姿要求：头正、肩平、臂垂、躯挺、腿并。

从正面观看，全身笔直、精神饱满、两眼平视、表情自然。两肩平齐，两臂自然下垂，两脚跟并拢，两脚尖张开 60°，身体重心落于两腿正中；从侧面看，两眼平视、下颌微收、挺胸收腹、腰背挺直，手中指贴裤缝，整个身体庄重挺拔。

图 1－2－5

手位：

（1）双手置于身体两侧。（男）

（2）右手搭在左手上，叠放于小腹处。（男、女）

（3）双手叠放于体后。（男）

（4）一手放于体前一手背在体后。（男、女）

女士脚位：

（1）V 字形步：双脚跟并拢，脚尖分开，夹角为 15°。

（2）丁字形步：在八字步基础上，将左脚放在右脚的 1/2 处，两脚之间的夹角不超过 45°。

男士脚位：

（1）八字步：双脚跟并拢，脚尖可略微分开。

（2）平行步：双脚平行分开，距离不超过肩宽，以 20 厘米为宜。

3. 眼神礼仪

眼神一向被认为是人类最明确的情感表现和交际信号，在面部表情中占据主导地位。一个良好的交际形象，目光应是坦然、亲切、和蔼、有神的。

与陌生人谈话时，眼睛应看对方眼睛到嘴巴的“三角区”，标准注视时间是交谈时间的 30%～60%。不能对关系不熟的人长时间凝视，也不能表现出无视、斜视、瞥视等行为。

与人交谈时，应微笑着看对方的眼睛，保持 6～7 秒，然后自然移开。随着话题的转换，目光应做出及时、恰当的反应，表示关注。

4. 微笑礼仪

微笑是对人的尊重与理解。一个简单的微笑常常能够消除人与人之间的陌生感，拉近彼此的距离。掌握良好的微笑礼仪，能够创造出融洽、和谐、互尊、互爱的气氛，减轻人们身体上和心理上的压力。

（1）口、眼、鼻、眉相结合，眼睛略眯、眉毛上扬、鼻翼张开、脸肌收拢、嘴角上翘，发自内心的微笑。

（2）保持精神饱满、神采奕奕、亲切甜美。

（3）与言谈举止相一致，形成完美统一的效果。

学习情境

◆ 情境一 ◆

如果你是一名客服人员，负责接待客户入座并与之交谈，请问你的坐姿应当是怎样的？

可采用标准式或其他规范坐姿，注意以下事项。

（1）遵循“坐如钟”的基本原则。

（2）女士的膝盖一定要并起来，脚可以放中间，也可以放在侧边。

（3）男士膝盖可稍微分开，但不宜超过肩宽。

（4）跷腿时，要注意收紧上面的腿，脚尖下压，绝不能以脚尖指向别人。

（5）不要抖腿。

◆ 情境二 ◆

如果你是一名女性客服人员，负责在公司门口迎接客户，请问你的站姿应当是怎样的？

可采用迎宾式站姿，双脚八字步或丁字形步，双手虎口相交叠放于腰际。用拇指可以顶到肚脐处，手指伸直但不要外翘。

◆ 情境三 ◆

如果你是一名前台服务人员，负责接待来访客户，请问如何展示表情礼仪？

表情礼仪是专指人的表情所包含的礼仪要素，包括眼神礼仪、微笑礼仪。上班前，准备一面小镜子，做脸部运动，同时配合眼部运动，做各种表情训练，活跃脸部肌肉，使肌肉充满弹性，同时进行心理暗示“今天真美、真高兴”。在迎宾时，对待每一个来访者都展示并保持真诚的笑容，目光注视着对方，体现真诚、热情。

活动设计

1. 活动条件

客服工作台、工作准备间、镜子、椅子，客服人员工作服装、皮鞋。

2. 活动组织

（1）大家分成 8 组，每组 6 人（根据班级人数进行调整）。4 人作为客服人员，2 人作为客服主管（评价员）。

（2）每组按照各自不同的三种情境模拟题进行咨询准备实训，角色轮换操作。

（3）完成一轮训练后，大家及时点评纠错，再进行第二轮情境训练。

（4）巩固准备步骤和标准，并且举一反三，进行第三轮训练。

3. 注意事项

（1）在练习各种仪态时，应保持整齐有序，不能大声喧哗。

（2）行为姿态的练习应保持一定的训练时间，这样有助于形成行为习惯。

（3）练习完仪态后，要将工作服和鞋子收拾干净、整齐，将所有物品回归原位。

4. 活动实施

活动实施见表 1－2－3。

表 1－2－3　活动实施

序号	步骤	操作及说明	服务标准
1	坐姿练习	轻缓入座，走到座位前面转身，右脚后退半步，左脚跟上，然后轻稳坐下。（亦可变换其他坐姿）	上身直正，头正目平嘴巴微闭，脸带微笑，端正、稳重，给人一种舒适感，做到“坐如钟”
2	站姿练习	抬头起，面朝正前方，双眼平视，下颌微微内收，颈部挺直，双肩放松，呼吸自然，腰部直立。脚掌分开呈“V”字形，脚跟靠拢双膝并严，双手相交轻握放在小腹处。（亦可变换其他站姿）	头正、肩平、臂垂、胸挺、腹收、腿直，端正自然，做到“立如松”
3	眼神练习	两个人合作，轮流看对方的眼睛，看左眼、看右眼，再回左眼、两眼交替。若不敢直视对方，看鼻梁也可以；手张开举在眼前，手掌向上提并随之展开，随着手掌的上提、展开，使眼睛一下子睁大有神	目光柔和、亲切，避免长时间直视对方
4	微笑练习	准备一根筷子，用上下两颗门牙轻轻咬住筷子，看看自己的嘴角是否已经高于筷子；继续咬着筷子，嘴角最大限度地上扬；保持上一步状态，拿下筷子；再次轻轻咬住筷子，发出“yi”的声音，同时嘴角向上向下反复运动，持续 30 秒；拿掉筷子，观察自己微笑时的基本表情，双手托住两颊从下向上推，并发出声音反复数次	真诚、自然，加上心理暗示“今天真美”“真高兴”

活动评价

活动评价见表 1－2－4。

表 1－2－4　评价表

评价标准	评价（是/否）		
	情境一	情境二	情境三
能按规范动作正确入座及离座			
动作标准、稳重、优雅			
能示范 3 种以上不同的规范坐姿			
能按规范动作正确展示站姿			
能主动与客户进行眼神交流，目光真诚			
能主动微笑面对客户，亲切、自然			
能调整情绪，精神饱满地准备迎接客户			

知识链接

1－2－3　微课
“客服形象礼仪操”

1. 观看客服礼仪操视频，跟随练习

客服礼仪操，旨在通过礼仪训练，培养客服人员规范的礼仪动作，塑造专业的服务形象，将良好的礼仪融入日常的服务工作中，进而树立良好的企业形象。全长约 4 分钟，分为塑型整理、点头微笑、行立转体、入座离席、蹲姿递接、鞠躬示意、握手介绍、引领告别八个部分。

2. 世界各族民众，往往用特定的眼神来表示一定的礼节或礼貌

注视礼：阿拉伯人在倾听尊长或宾朋谈话时，两眼总要直直地注视着对方，以示敬重。日本人相谈时，往往恭恭敬敬地注视着对方的颈部，以示礼貌。

远视礼：南美洲的一些印第安人，当同亲友或贵客谈话时，目光总要向着远方，似东张西望状。如果对三位以上的亲朋讲话，则要背向听众，看着远方，以示尊敬之礼。

眯目礼：在波兰的亚斯沃等地区，当已婚女子与丈夫的兄长交谈时，女方要始终眯着双眼，以示谦恭之礼。

眨眼礼：安哥拉的基母崩杜人，当贵宾光临时，总要不断地眨着左眼，以示欢迎之礼。来宾则要眨着右眼，以表答礼。

挤眼礼：澳大利亚人路遇熟人时，除说“Hello”或“Hi”以示礼遇之外，有时要行挤眼礼，即挤一下左眼，以示礼节性招呼。

强化训练

1. 请在镜子前反复练习多种标准坐姿，并选择 3 种拍照。
2. 请使用背靠墙、两人背靠背、头顶书本和对镜训练的方式反复练习多种标准站姿，并选择 2 种拍照。
3. 小组合作练习客服礼仪操，进行表演比赛。

工作任务 1-3 系统操作

职业能力 能够正确使用系统平台进行信息化服务

学习目标

1. 能熟悉客户管理系统的基本板块内容。
2. 能使用系统为客户提供信息化服务。

核心概念

客户服务管理系统： 基于网络服务平台，通过多种渠道将人员、业务流程、企业战略统一管理，有效管控客户服务行为，高效经营企业客户资产的操作系统。

信息化服务： 利用信息技术和科技手段，为客户提出的问题提供解决方案。

图 1-3-1

基础知识

1. 客户服务管理系统

企业客户服务管理系统功能强大，能便捷高效地记录每一个客户的特点和需求，使企业对客户以及市场信息的管理和操作更加方便。对庞大的数据信息进行整理规划，使企业更加易于掌握，使业务的处理更加智能化。

企业客户管理系统主要功能：

（1）客户管理：对企业的客户、供应商、竞争对手信息进行记录和管理。

（2）业务处理：对企业的产品及进销存等业务进行管理。

（3）咨询服务：企业对客户服务信息的记录和管理。

（4）活动策划：对企业举行的相关活动信息进行记录和管理。

（5）文档规整：对企业的各种文档进行归档处理。

（6）市场管理：通过大数据分析，对企业在市场方面的各种信息进行记录和管理。

2. 工单

工单是指企业的工作任务单据，工单内容有助于客户信息的保存和客户关系的管理，更有利于帮助企业分析客户行为，填写工单是客服人员工作的主要部分。在服务过程中，工单用于记录客户诉求，通过企业内部流转，让工作任务转送到相关部门解决。传统工单是纸质单据，随着互联网普及和智能系统的出现，电子工单的便利性和协同性已经逐渐取代纸质工单。

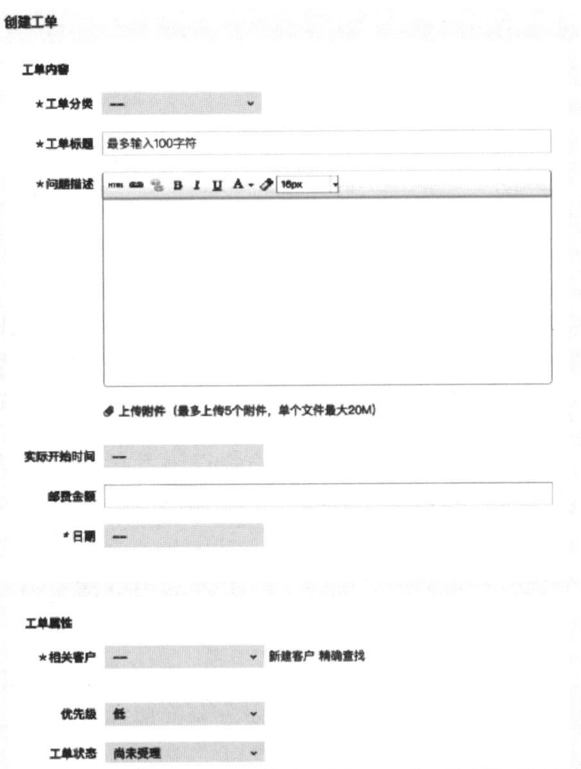

图 1－3－2

工单一般由工单号、工单主题、工单发起人、受理时间、受理内容、客户信息、处理时限、紧急程度、处理结果等组成。

负责处理工单的客服人员称为工单受理人。工单在企业内部流转时，有手动分配工单和自动分配工单两种方式。手动分配工单是指客服人员需要手动选择分配的人选，而自动分配工单是指客服人员在系统事先设置好触发器，当配置流转触发器启动后，工单会实现自动分配。

填写工单时，需要做到准确、快速和完整。

工单用语：

请：请贵部了解、请及时查看、请及时处理、请及时回复。

望：望贵部支持、望贵部配合、望贵部派人协助、望及时安排。

和：××部门和××部门合作。

谢：谢谢配合、感谢支持。

学习情境

◆ 情境一 ◆

乐天百货是一家粮油供应公司，由于业务拓展，需要在系统中新增两个客户分组，并且每个分组添加两名客户信息，如果你是客服专员，请问如何在系统中添加相应信息？

（1）根据企业名称新建分组。

（2）在对应的分组中添加负责人信息。

分组及客户信息如下：

分组名称：

乐天百货有限公司

新增客户信息：

刘××，乐天百货采购部经理，联系方式：1371010××××

陈×，乐天百货采购部采购人员，联系方式：1372020××××

分组名称：

食鲜餐饮集团

王×，食鲜餐饮集团采购部经理，联系方式：1373030××××

陈××，食鲜餐饮集团采购部人员，联系方式：1374040××××

◆ 情境二 ◆

乐悠悠网是中国领先的旅行服务提供商，为消费者提供酒店、机票和度假等全方位的旅行产品预订服务。客户成为会员后，在线预订酒店、机票等产品，可以获得相应积分，凭积分可以兑换礼品。李女士（会员号：6001010）使用乐悠悠网3年，是乐悠悠网的钻石会员，她来到线下门店咨询积分情况及可以兑换的产品种类。如果你是门店接待客服，请你使用系统帮助李女士查询会员积分，以及对应的兑换礼品。

（1）进入系统，通过会员号快速查询客户信息。

（2）通过关键词查询积分兑换奖品种类。

咨询业务的查询方法有以下三种：

- 目录定位查询：通过知识库目录进行分类查询，利用主要及次要分类逐层打开。
- 关键字查询：系统会自动控制在每个文档中上传者添加的“关键字”字段，便于查找。
- 重要信息查询：清楚客户所要解决的关键问题，然后有针对性地输入相对应问题类别、产生问题的想象，并检索出正确、有效的解决方法。

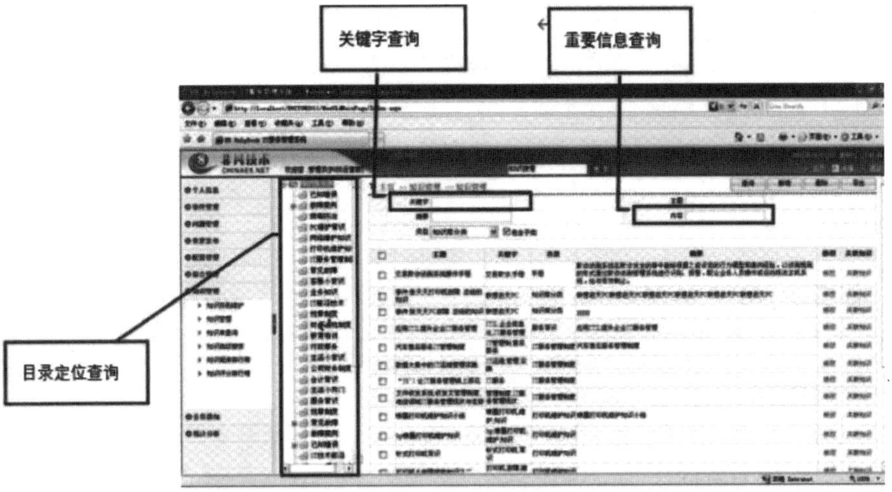

图 1－3－3

◆ 情境三 ◆

假如你是 CRS 航空公司呼叫中心客服人员，客户张先生拨打客服热线进行机票查询和预订，请你完成以下信息填写。

（1）准确填写相关信息。

（2）工单内容分为预订机票和邮寄发票两个内容。

CSR：您好！请问有什么可以帮到您？

客户：帮我查询一下 12 月 13 日广州到上海虹桥的机票。

CSR：好的，请问有没有指定的航班或时间？

客户：我要最低折扣的。

CSR：好的，请稍等。您好，先生，抱歉让您久等了，帮您查询到广州—上海虹桥有一班上航 FM9836 次航班，起飞时间 16:00，目前最低折扣 4.5 折，票面价 550 元，加上机建燃油费共计 750 元，请问需要帮您预订吗？

客户：可以，订下来吧。

CSR：请您提供乘机人的姓名。

客户：张 ×。

CSR：请提供您的证件号码和手机号码。

客户：身份证是：44020519831 × × × × × × ×，手机号是：1378976 × × × ×。

CSR：好的，为了保证您的订票准确，我给您重复一遍，身份证是：4402051983 × × × × × × × ×，手机号是：1378976 × × × ×，您看对吗？

客户：对的。

CSR：那我现在帮您出票，请您注意查收短信，并完成支付。

客户：已经完成支付了。

CSR：感谢您选择CSR航空，请问需要邮寄发票吗？
客户：需要，地址是广州市××路226号，谢谢！
CSR：好的，已经帮您进行登记，感谢您的来电，祝您生活愉快！

活动设计

1. 活动条件

计算机（已安装客户管理系统）、客户资料（含客户姓名、联系方式等）。

2. 活动组织

（1）大家分成8组，每组6人（根据班级人数进行调整）。2人作为客服人员，2人作为客户，2人作为客服主管（评价员）。

（2）每组按照各自不同的三种情境模拟题进行咨询准备实训，角色轮换操作。

（3）完成一次训练之后，大家交换角色，及时点评纠错，再进行第二次情境训练。

3. 注意事项

使用系统时，注意使用文明和网络文明，保护客户信息。

4. 活动实施

活动实施见表1－3－1。

表1－3－1 活动实施

序号	步骤	操作及说明	标准
1	录入客户信息，形成客户档案	（1）登录系统：双击计算机桌面的企业客户管理系统图标，运行并登录系统。 （2）新增、修改和删除客户分组。进入客户信息界面，新增分组、修改分组、删除分组。 （3）新增、修改和删除客户信息，形成档案。添加客户原始资料，并对原始信息进行修改/删除操作	（1）新增分组时可以按照不同客户标签进行分类，如企业、地域、关联程度、贡献程度等。 （2）录入信息仔细、认真，确保信息无误。录入后需要再次核对信息。 （3）每一次操作后需要及时单击“保存”按钮
2	处理咨询和查询	（1）根据客户咨询和查询内容（或者企业内部工作需要）快速定位对应条目，并准确寻找相关信息。 （2）根据系统内容进行解答和回复	（1）耐心倾听、准确理解客户需要。 （2）熟悉系统各板块内容。 （3）快速、准确查找相关信息，并回复

续上表

序号	步骤	操作及说明	标准
3	填写和流转工单	（1）新建工单。 （2）填写客户资料。准确输入客户姓名、联系方式等基本信息。 （3）正确选择业务部门和工单类型。根据业务类型判断相应负责部门，并根据需要选择流转工单或独立工单。 （4）选择工单级别：普通、重要、紧急、非常紧急。 （5）简明描述业务内容。按照5W1H法则简明扼要地记录内容和客户需求。 （6）保存并派发工单。 （7）工单回访。派发工单后，根据工单内容进行回访，填写工单回访摘要	（1）准确选择业务部门和工单类型。 （2）准确录入关键信息，要求错别字差错率在2%以下。 （3）打字速度要快速及时，要求做到每分钟60～80个字

CSR航空公司机票预订工单

工单号：

客户姓名：

联系方式（手机）：

身份证号码：

通信地址：

预订航班号：

订单金额：

工单内容：

工单等级：

图1-3-4

活动评价

活动评价见表 1－3－2。

表 1－3－2　评价表

评价标准	评价（是/否）		
	情境一	情境二	情境三
能准确迅速地录入新增客户信息			
能使用会员号快速查询客户信息			
能使用关键词进行相关内容查找			
能准确理解客户需求			
能根据要求快速录入客户信息，填写工单			
能选择工单级别			
能简明描述业务内容			
保存并派发工单			

知识链接

客户服务管理平台发展历程

人工热线电话系统 → 交互式自动语音应答系统 → 兼有自动语音和人工服务的客服系统 → 网络多媒体客服中心 → 全媒体智能客服

图 1－3－5

强化训练

天天达公司是一家快递物流综合服务提供商。其客服热线为 11189，负责受理速递物流专业客户服务问题，处理客户揽收、咨询、深度查询及客户投诉工作，承担派揽派投调度，揽投工单处理质量督办工作。请根据客户服务案例，填写相应工单。

客服：您好，有什么可以帮助您？

客户：您好，上午我打过电话，我叫李××。我的那个事，8 月 22 日，您给查了吗？到底是哪位签收的？

客服：您的名字？

客户：李××。

客服：您是要查一下邮件寄到哪里了，还是？

客户：您帮我问一下吧，到底是谁接的电话，她说帮我查到底是谁签收的，她说查完了给我来电话，现在都三个多小时了，一直没给我答复啊。

客服：您跟我说一下您的邮件号可以吗？我帮您查一下。

客户：我上午已经都说了，她说马上给我答复，现在都三个多小时了，也没给我答复呢？

客服：是这样的先生，您订单的电话号码是多少呢？

客户：1331199××××。

客服：好的，我帮您查询一下。

客户：嗯。

客服：李先生您好，系统没有查询到您的来电记录和邮件信息。请您再核实一下。

客户：你们怎么这样啊，通过你们寄的快递，现在收不到，打电话也没有记录，你们到底是干什么，我要投诉 。

客服：先生，实在抱歉，给您带来不便，我这边先帮您记录下信息，请问您的邮件是从哪里寄出的？寄件人是您本人吗？

客户：是我本人寄的，8 月 20 日快件从北京市海淀区×××××A 座 1201 寄出的。

客服：好的，请您提供一下收件人的姓名、地址好吗？

客户：收件人是王××，地址是辽宁省沈阳市大东区和睦路小学，之前查说是门卫签收了，收件人没有收到邮件啊？

客服：好的，请您提供下邮件号码可以吗？

客户：邮件号码是 EC1234567890。

客服：好的，李先生，实在抱歉我们的服务没有让您满意。我这边提交投诉工单，尽快由上级部门核实邮件情况，与您联系可以吗？

客户：好吧，你们快点啊，我都打过好几次电话了，你们的服务也太差劲了。

客服：非常抱歉先生，您的工单我会帮您跟踪，3 个小时之内是否有回复，我都会电话通知您可以吗？因为涉及邮件核实派送路径，可能需要的时间较长，请您理解。

客户：好吧好吧，你这么说我才心安一点儿，务必要尽快告诉我啊。

客服：好的，感谢您的来电。

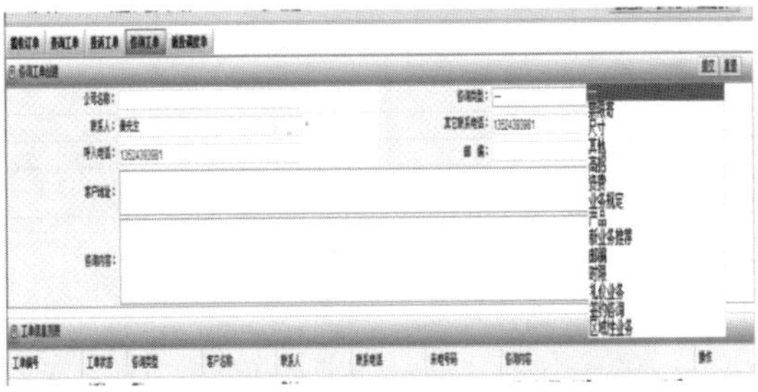

图 1－3－6

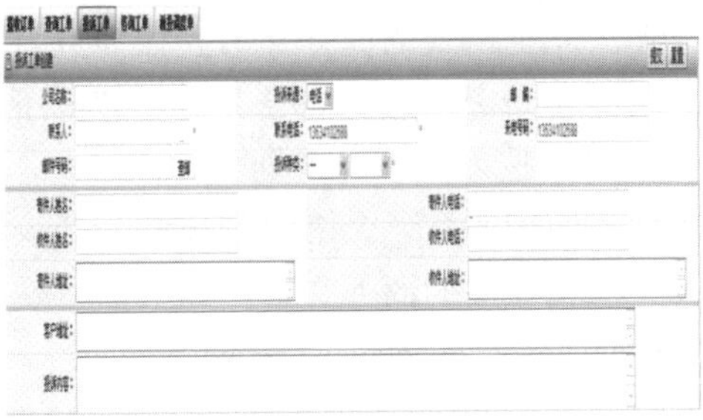

图 1－3－7

工作任务 1-4 商务文书

职业能力 能根据商务活动撰写规范的商务文书

学习目标

1. 能掌握商务文书写作的格式、要点和规范。
2. 能根据要求撰写不同类型的商务文书。

核心概念

商务文书：企业在经营运作、贸易往来、开拓发展等一系列商务活动中所使用的各种文书的总称。

图 1-4-1

基础知识

1. 商务文书的种类

（1）按形式来划分。

①固定格式的商务文书。如商务合同、邀请信、通知、请示及批复等。

②非固定格式的商务文书。如电子邮件、便签条等。

（2）按内容用途来划分。

①通用的商务文书。如通知、会议纪要、请示、批复、总结、备忘录及报告等。

②礼仪性的商务文书。如贺信、贺电、邀请书、请柬及慰问信等。

2. 商务文书的写作特点

（1）简明：商务文书的写作需要简单明了，切记啰唆。

（2）准确：在意思明确的前提下，商务文书尽量用一段话、一句话，甚至一个词表达核心观念。

（3）朴实：切忌刻意堆砌辞藻，用词应朴实。

（4）庄重：商务文书整体风格不能诙谐幽默。

（5）规范：注重词语、标点符号的规范性。

3. 商务文书的写作要素

（1）主旨：应遵循“正确，务实，集中，鲜明”的原则。

（2）材料：应遵循“收集要多，选择要严，使用要巧”的原则。

（3）结构：可选择“篇段合一式、分层表达式、分条列项式”等方式。

（4）语言：风格平直、朴实、庄重，表达规范、准确、简练，应进行拼写检查以保证用词的准确性。

4. 商务文书写作的层次结构

（1）连贯式：商务文书的层次结构按照事情发展的时间顺序来展开。

①突出的重点：事情的前因后果及发展脉络。

②适应的情形：工作报告、事故调查报告、工程报告，以及程序安装的说明等，内容要写得清楚明白。

（2）并列式：商务文书中层次与层次之间是并列的关系。

①突出的重点：每一段前要有前提摘要，作为后续并列内容的引子。

②适应的情形：主要在报告、总结以及建议书等商务文书中运用。

（3）分析问题式：围绕问题的出现直到最终解决的逻辑关系而展开。有以下四种类型：

①“只有结果”，如批复、指示以及命令等。

②“提出问题并分析问题”，如情况简报。

③“提出问题并解决问题”，如公告和通知。

④“提出问题、分析问题，最后解决问题”，如指导性的通报和决议。

（4）问答式：运用问答的形式来组织商务文书的内容。

①突出的重点：设计问题时要突出利益以及避免不良后果的方法。

②适应的情形：企业的内刊、内部通信以及操作程序指南等。

学习情境

◆ 情境一 ◆

圣地家具集团为了答谢新老客户一年来的支持，特举行企业年终答谢会。如果你是客服专员，企业准备于12月30日在华夏大酒店举行公司年会，年会时间为18:00—21:00，你需要邀请派高公司王经理参加，请你按照商务文书写作规范写一份邀请函。

邀请函的格式主要有四个部分：标题、称谓、正文和落款。

1. 标题

标题由活动名称和文种名组成，还可以包括个性化的活动主题标语，如“××公司年终客户答谢会邀请函”。活动主题标语可以体现举办方特有的企业文化特色。

2. 称谓

邀请函的称谓使用“统称”，并在统称前加敬语。如“尊敬的×××先生/女士”或“尊敬的×××总经理”。

3. 正文

邀请函的正文是指商务礼仪活动主办方正式告知被邀请方举办活动的缘由、目的、事项及要求，写明活动的日程安排、时间、地点，并对被邀请方发出得体、诚挚的邀请。

正文结尾一般要写常用的邀请惯用语。如“敬请光临”“欢迎光临”。

4. 落款

落款要写明礼仪活动主办单位或者邀请人的全称和成文日期。

5. 基础模板

邀请函

尊敬的__________：

您好！我公司决定于__________在__________举办本年度公司年会，诚邀您的参加/务请拨冗出席。

敬请光临！

__________公司

____年____月____日

◆ 情境二 ◆

金威科技公司新研发了一款智能机器人，如果你是客服专员，你所在的销售项目组需要举办新品招商会，需向公司申请20套产品进行展示，并派2名专业技术人员。招商会拟于9月15日举行，地点是华夏大酒店会议厅。现请你写一份请示。

请示是下级机关向上级机关请求指示或批准的呈请性、期复性公文。

请示的格式分为四部分：标题、称谓、正文和结束语。

1. 标题

部门名称+事由+请示。

2. 称谓

请示对象或部门名称。

3. 正文

（1）请示的原因：陈述情况，阐述理由，讲清必要性和可能性。

（2）请示的事项：写明请示要求，如请求物资要写明品名、规格、数量，请求资金要写明金额等。

4. 结束语

结尾常用结束词：“当否”“请批复”“妥否”“请批示”。

5．**署名和日期**

6．**基础模板**

关于举办新品招商会的请示

总经理办公室：

为了扩大我司新品的知名度，向全国推广，繁荣市场，满足消费者需求，拟于今年____月____日在________________________举办“新品招商会”。招商会共需____。

妥否，请批示。

销售部

____年____月____日

◆ 情境三 ◆

金利公司是一家美妆公司，为了满足客户需要，新研发了一批产品，如果你是客服人员，客户张经理需要你通过邮件的方式发送新产品的目录，请你写一封电子邮件。收件人邮箱：zhangjingli@163.com，发件人邮箱：jinli@sohu.com。

电子邮件的格式主要分为四部分：收件人、主题、内容和附件。

1．**收件人**

在填写收件人邮箱时，需要核对是否正确，以免造成不必要的困扰。

2．**主题**

主题要明确、精练，表达出对方想要了解的信息。

3．**内容**

内容包含称呼、问候语、正文、结束语和落款。

4．**附件**

文档资料等可以通过增加附件进行发送。

5．**基础模板**

发件人邮箱：

收件人邮箱：

主题：

____________经理：

您好！

我是____________公司的____________，非常荣幸能够代表公司和您联系。

今天将我们公司____________发送给您，请您查阅！

如果邮件中有任何不清楚的地方或者您需要我们提供任何帮助，请您随时联系我。

恭祝

商祺！

____

活动设计

1. 活动条件

计算机（或 A4 纸和签字笔）。

2. 活动组织

（1）2 名学生为一组，2 人互为客服人员和评价人员，同时书写商务文书，然后交叉修改。

（2）每组按照各自不同的情境模拟题进行实训，角色轮换操作。

（3）完成一轮操练之后，大家及时点评纠错，再进行第二轮情境训练。

（4）巩固迎接客户的步骤和标准，并举一反三。

3. 活动注意事项

在撰写商务文书过程中，应避免出现错别字。

4. 活动实施

活动实施见表 1－4－1。

表 1－4－1　活动实施

序号	步骤	操作及说明	标准
1	撰写标题	在第一行居中写明标题，如果需要可以加入副标题	（1）标题格式：发文机关＋事由＋文种/事由＋文种。 （2）标题要凝练，避免啰唆
2	撰写称呼/对象	文书的对象，一般需要使用敬语	标准格式：换行顶格写明接收方的名称，后用冒号
3	撰写正文	正文一般由三部分组成。 （1）第一部分是事项的总体。 （2）第二部分是事项的起因、具体要求、安排等。 （3）第三部分是对接收单位的要求和希望	另起一行空两格写通知内容，如通知的具体内容、时间、地点、出席对象和有关准备事项等
4	撰写落款和日期	（1）在正文下一行右下方写上落款。 （2）在署名下一行的右边写上时间	（1）落款写在正文下一行的右下方，写发送方的单位或组织机关名称。 （2）日期写在署名下一行的右边，即在落款的下面写明制发此通知的年、月、日

活动评价

活动评价见表 1－4－2。

表 1－4－2 评价表

评价标准	评价（是/否）		
	情境一	情境二	情境三
能了解邀请函、请示、电子邮件的组成部分			
能理解写作背景			
能按照格式规范准确撰写邀请函、请示、电子邮件			

知识链接

结构层次叙述的规范性

对于结构层次的叙述，国家标准规范的具体要求为：

◎ 结构层次的第一层，其层次编号用“一”“二”“三”……来表示。

◎ 结构层次的第二层，其层次编号用“（一）”“（二）”“（三）”……来表示。

◎ 结构层次的第三层，其层次编号可以用阿拉伯数字“1”“2”“3”……来表示。

◎ 结构层次的第四层，其层次编号可以用“（1）”“（2）”“（3）”……来表示。

与此同时，国家标准规范还要求商务文书的结构层次最好不要多于四级，否则逻辑关系的复杂会给读者带来极大不便；另外，还应该注意不要越级使用各个层次的编号。

强化训练

万户达公司是一家第三方呼叫外包公司，主要提供第三方呼叫服务。请你根据会议纪要的格式与要求，撰写一份呼叫中心客服工作会议纪要。

会议纪要内容如下：6 月 28 日下午 6 点在小型会议室举行了公司呼叫中心客服人员月度总结会议。出席人员 4 名：Amy、Linda、Tom、Yoyo。由呼叫中心客服总监 Amy 主持，主要是讨论在呼叫业务处理过程中存在的语言不规范问题。Amy 首先提出在 6 月呼入和呼出过程中出现的高频不规范用语种类，提出问题的严重性。接着，客服人员 Linda 说了自身经历，认为是自身服务和规范意识不够引起的。随后，客服人员 Tom 认为是由工作时间太长，客户啰唆不讲理导致的。

最后，Amy 总结归纳了出现问题的原因，并提出了如果在质检过程中仍旧出现类似情况，将会严肃处理。

2

客户接待

工作任务 2-1 接待准备

职业能力 2-1-1 能确认来访客户信息并确定接待规格

学习目标

1. 能确认来访客户信息。
2. 能根据来访客户信息确定接待规格。
3. 能填写“来访客户接待申请表”。

核心概念

客户接待：是企业运行中的重要环节，是进行业务洽谈、与客户沟通的有效载体。

接待规格：是根据来访者的身份确定接待的标准、要求或条件。一般分为贵宾接待、业务接待及普通接待。

图 2-1-1

2-1-1 微课
“客服接待流程”

基础知识

1. 确认来访客户信息

收集来访客户信息是做好接待准备工作的前提。落实来访客户的相关信息主要有以下几个方面。

（1）来访客户基本情况。来访客户基本情况包括来访成员的姓名、性别、单位名称、职务、人数等，这些基本情况有利于来访过程的交流。另外还要留意随行联系人的姓名及联系方式，便于沟通联系。

（2）来访计划。来访计划包括来访目的、来访的时间和行程、选用的交通方式及班次等。根据客户的计划，提前确认是否需要安排车辆往返接送，是否需要协助客户订酒店、订票等。同时要了解来访成员在餐饮、住宿等方面有无特殊要求。确认客户的行程安排，可以更科学合理地安排整个来访过程。

（3）国外来访客户。遇到国外客户，要确认是否需要我方发送邀请函办理签证。如果需要，请对方提供来访客户的护照全名、护照号码等，待客户确认后发送邀请函。对于国外来访客户，还要确认是否有国内代理随行和翻译，便于我方后续安排。

（4）告知我方接待人员信息。除了落实来访人员的相关信息，还应及时将我方接待人员的姓名、性别、职务、联系方式等信息告知来访客户，便于双方的沟通交流。联系时要注意复述关键信息，与对方再次确认，确保无误。

2. 确定接待规格

一般来讲，接待规格可依据实际情况分为三种形式。

（1）A 级：贵宾接待（重要客户）。贵宾接待是指我方接待的重要客户，出面接待的领导一般要比客人职务高的一种接待形式。例如，当客户属于公司高层，代表客户对公司进行商务考察时，我方可安排比客户职务高、身份相当、专业对口的人士出面接待。

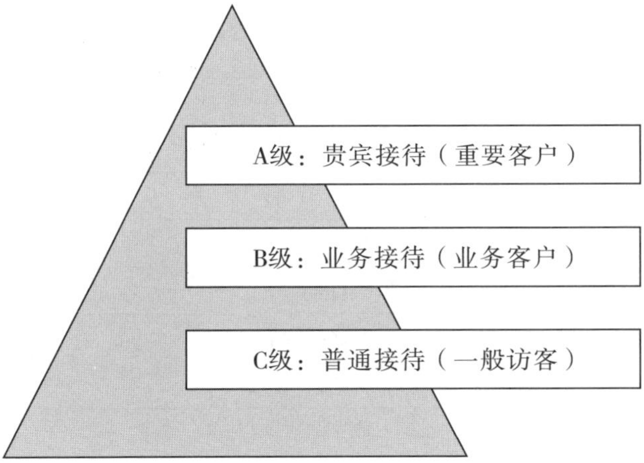

图 2－1－2

2－1－2 视频
“接待规格”

（2）B 级：业务接待（业务客户）。业务接待是指我方接待有业务来往的客户，出面接待的领导和客人的职务、级别大体相同的一种接待形式，这是最常见的接待方式。一般来讲，来访客户是什么级别，我方也应派同等级别的人员陪同。

（3）C 级：普通接待（一般访客）。普遍接待是指我方接待一般来访客户，出面接待由对接部门主管或业务员进行接待的一种形式。对于一般客户，如来访目的仅仅是参观学习，则安排懂礼仪、有礼貌、言谈流利的人员接待即可。

3. 客户来访接待申请表

当确认了来访客户的信息，确定接待规格后，为更清晰、更有条理地进行接待准备工作，客服人员可根据来访情况填写“来访客户接待申请表”，申请表包括客户的基本信息、交通情况、接待要求等详细内容。填写申请表后再次与来访客户确认关键信息，如姓名、联系方式、往返时间、接待细节要求等，然后交由部门分管领导及总经理审核，以便做好接待准备。

表 2－1－1 来访客户接待申请表

<table>
<tr><td colspan="4">一、客户基本信息</td></tr>
<tr><td>客户单位名称</td><td colspan="3"></td></tr>
<tr><td>来访人数</td><td></td><td>男　　人</td><td>女　　人</td></tr>
<tr><td rowspan="2">来访姓名及职务</td><td colspan="3">男：</td></tr>
<tr><td colspan="3">女：</td></tr>
<tr><td>来访目的</td><td colspan="3">□参观　□验厂　□验货　□签合同　□业务洽谈
□顺访　□审核　□游玩　□其他：</td></tr>
<tr><td>客户联系人</td><td></td><td>联系方式</td><td></td></tr>
<tr><td>公司联络人</td><td></td><td>联系方式</td><td></td></tr>
<tr><td colspan="4">二、交通情况</td></tr>
<tr><td>出发时间</td><td></td><td>出发地点</td><td></td></tr>
<tr><td>到达时间</td><td></td><td>到达地点</td><td></td></tr>
<tr><td>航班号（车次）</td><td colspan="3"></td></tr>
<tr><td rowspan="2">返程票</td><td>□ 已订</td><td colspan="2">月　日　时　分　从　至</td></tr>
<tr><td>□ 待定</td><td colspan="2">月　日　时　分　从　至</td></tr>
<tr><td colspan="4">三、接待要求</td></tr>
<tr><td>接待级别</td><td colspan="3">□A 级　□B 级　□C 级　□客户自助</td></tr>
<tr><td>迎接地点</td><td colspan="3">□机场　□火车站　□汽车站　□公司门口
□其他：</td></tr>
<tr><td>接车安排</td><td colspan="3">司机：　　车辆：</td></tr>
<tr><td>接待人员</td><td colspan="3">□总经理：　□副总经理：　□部门经理：
□接待人员：　□指定人员：</td></tr>
<tr><td>接待配置</td><td colspan="3">□需持鲜花迎接　□打电子屏欢迎牌　□打欢迎横幅
□其他：</td></tr>
<tr><td>住宿标准</td><td colspan="3">□ 300～500 元/间　□ 200～300 元/间
□ 100～200 元/间　□ 其他：</td></tr>
<tr><td>住宿房型</td><td colspan="3">预订标准间　　间，豪华间　　间，套房　　间</td></tr>
</table>

续上表

住宿费用	□公司全部承担　□客户完全自理 □客户付　　元（天·人），其余由公司承担 □公司只承担房费，其他费用自理
就餐费用	□公司全部承担　□客户完全自理 □公司承担接风、送行，其余客户自理
礼品类别	□电器类　□文化类　□工艺品类　□生活类 □其他：
礼品价值	价值　　　元/件左右，共　　份
送礼时机	□领导会见时　□送行时　□其他：
送到地点	□机场　□火车站　□汽车站　□其他：

填表人：______　部门：______　分管领导审核：______　总经理批准：______

学习情境

◆ 情境一 ◆

假如来访客户是重要合作公司蓝天公司的总经理，来公司进行商务考察，作为客服人员，请与蓝天公司确认客户的来访信息、接待规格并填写“来访客户接待申请表”。

（1）电话联系蓝天公司联络人，请对方通过电子邮件回复来访事宜。

（2）蓝天公司总经理为重要客户，接待规格级别应为A级。

（3）根据蓝天公司来访信息填写“来访客户接待申请表”，并交由部门分管领导、总经理审批。

（4）给蓝天公司回复电话，复述姓名、身份、联系方式、日期等重要信息，告知我方的联系方式。

◆ 情境二 ◆

假如来访客户是同行业新星公司的普通员工，来公司进行参观学习，作为客服人员，请与新星公司确认客户的来访信息、接待规格，并填写“来访客户接待申请表”。

（1）电话联系新星公司联络人，请对方通过电子邮件回复来访事宜。

（2）新星公司员工为普通客户，接待规格级别应为C级。

（3）根据新星公司来访信息填写“来访客户接待申请表”并交由部门分管领导、总经理审批。

（4）给新星公司回复电话，复述姓名、身份、联系方式、日期等重要信息，告知我方的联系方式。

活动设计

1. 活动条件

客服工作台、“来访客户接待申请表”、常用办公工具。

2. 活动组织

（1）大家分成8组，每组6人（根据班级人数进行调整），2人作为客服专员、2人作为来访公司联系人、1人作为部门领导、1人作为总经理。

（2）每组按照各自不同的两种情境模拟题进行客户来访信息确认实训，角色轮换操作。

（3）完成一轮训练后，大家及时点评纠错，再进行第二轮情境训练。

3. 注意事项

在集中办公环境内不能大声喧哗，避免影响其他在岗客服人员的正常工作。

4. 活动实施

活动实施见表2－1－2。

表2－1－2 活动实施

序号	步骤	操作及说明	服务标准
1	与客户确认来访事宜	（1）在接到任务后，通过电话与来访公司取得联系，初步确认来访客户的基本信息。 （2）请对方将来访事宜通过电子邮件方式发给本公司进行确认	（1）声音：咬字清晰、音量恰当、语调柔和。 （2）内容：来访日期、主要事项、来访人数、姓名、职务、性别、交通工具、住宿要求、费用承担、返程票预订、禁忌及注意事项等
2	确定接待规格	（1）收到电子邮件后，浏览客户信息。 （2）确定接待规格	根据客户身份及来访目的确定接待规格： A级：贵宾接待（重要客户） B级：业务接待（业务客户） C级：普通接待（一般访客）
3	填写“来访客户接待申请表”，并交由上级领导审批	（1）整理客户来访信息。 （2）将客户基本信息、交通方式、接待要求等内容填写到“来访客户接待申请表”。 （3）与客户确认关键信息。 （4）送交上级审批	（1）准确规范地填写“客户基本信息”“交通情况”及“接待要求”三大栏目的相关内容。 （2）确认客户姓名、职务、联系方式、往返时间、接待细节等关键信息。 （3）送交上级审批时间恰当

续上表

序号	步骤	操作及说明	服务标准
4	回复来访公司并再次确认重要信息	获得总经理批准后，电话联系来访公司，复述关键信息并告知我方接待人及联系方式	（1）声音：咬字清晰、音量恰当、语调柔和。 （2）复述内容：复述关键信息包括姓名、电话号码、日期、航班班次、接待细节要求等，必要时可通过传真或电子邮件回复重要信息。 （3）告知内容：告知我方的接待联络人的姓名、职务及联系方式等

活动评价

活动评价见表 2－1－3。

表 2－1－3　评价表

评价标准	评价（是/否）		
	情境一	情境二	情境三
联系客户咬字清晰、音量恰当、语调柔和			
能与客户确认各项来访事宜			
能合理确定接待规格			
能规范填写接待申请表			
能回复并确认来访客户重要信息			

知识链接

几个少数民族的习俗禁忌

蒙古族厌恶黑色，认为黑色是不吉祥的颜色。在饮食上，蒙古族忌食虾、蟹、鱼、海味等。他们还忌讳别人用烟袋、刀剪、筷子等指头部。

回族人禁食猪肉、狗肉、马肉、驴肉和骡肉，不吃未经信仰伊斯兰教者屠杀的和自死的畜禽肉，不吃动物的血等；忌讳别人在自己家里吸烟、喝酒；禁用食物开玩笑，也不能用禁食的东西作比喻。

藏族老年妇女不吃当天宰杀的肉食。在长辈、尊者、父母以及亲戚面前，忌讲丑话脏话；忌用不吉利的语言骂牲畜。

苗族人民不喜欢吃羊肉，忌讳吃狗肉，禁止杀狗、打狗。和苗族人嬉戏闹时，不能用绳子或布带捆他们。

朝鲜族不喜欢吃鸭子、羊肉、肥猪肉。朝鲜族的老人地位很高，平时老人的饮食是单独制作的，单独用餐。他们忌讳敲门，进访者应呼叫主人。

彝族禁食狗、马、熊等动物的肉；过年三天内禁忌新鲜蔬菜进屋，否则对祖先是最大的不敬；妇女忌食难产而死的家畜之肉；禁过年七天内推磨，不然会使家境贫困；忌用餐后把汤匙扣于碗盆的边沿上，因这是给死人敬食的方式。

哈萨克族年轻人不准当着老人的面喝酒，不准用手乱摸食物；绝对不准跨越或踏过餐布，不准坐在装有食物的箱子或其他用具上。

强化训练

新西公司销售部经理计划到我公司进行合作谈判，作为客服人员，请确认客户的来访信息、接待规格并填写“来访客户接待申请表”。

附客户来访信息邮件：一行 2 人，于 4 月 21 日乘坐高铁 G 6127，从长沙南到广州南，到达接车后直接去酒店，不安排业务活动。4 月 22 日至 23 日安排参观及合作谈判。4 月 24 日返程，乘 G74，希望送车。联系人张 ×，名单如下：

表 2－1－4

姓名	性别	职务	联系电话	备注
李 ×	男	销售经理	1852267 × × × ×	
张 ×	男	销售主管	1852267 × × × ×	

乘坐班次如下：

图 2－1－3　客户信息

表 2－1－5　来访客户接待申请表

一、客户基本信息			
客户单位名称			
来访人数		男　　人	女　　人
来访姓名及职务	男：		
	女：		
来访目的	□参观　□验厂　□验货　□签合同　□业务洽谈　□顺访　□审核　□游玩　□其他：		

续上表

客户联系人		联系方式	
公司联络人		联系方式	
二、交通情况			
出发时间		出发地点	
到达时间		到达地点	
航班号（车次）			
返程票	□已订	月　日　时　分　从　至	
	□待定	月　日　时　分　从　至	
三、接待要求			
接待级别	□A 级　□B 级　□C 级　□客人自助		
迎接地点	□机场　□火车站　□汽车站　□公司门口 □其他：		
接车安排	司机：　车辆：		
接待人员	□总经理　□副总经理：　□部门经理： □接待人员：　□指定人员：		
接待配置	□需持鲜花迎接　□打电子屏欢迎牌　□打欢迎横幅 □其他：		
住宿标准	□ 300～500 元 /间　□ 200～300 元 /间 □ 100～200 元 /间　□其他：		
住宿房型	预订标准间　间，豪华间　间，套房　间		
住宿费用	□公司全部承担　□客户完全自理 □客户付　元（天・人），其余由公司承担 □公司只承担房费，其他费用自理		
就餐费用	□公司全部承担　□客户完全自理 □公司承担接风、送行，其余客户自理		
礼品类别	□电器类　□文化类　□工艺品类　□生活类 □其他：		
礼品价值	价值　元 /件左右，共　份		
送礼时机	□领导会见时　□送行时　□其他：		
送到地点	□机场　□火车站　□汽车站　□其他：		

填表人：______　部门：______　分管领导审核：______　总经理批准：______

职业能力 2－1－2 能制作接待日程安排表并准备相关资料

学习目标

1. 能根据客户来访情况制作日程安排表。
2. 能根据日程安排准备相关资料。

核心概念

接待日程安排表：根据日期对整个接待活动在活动项目顺序及内容上进行具体安排的表格。

图 2－1－4

2－1－3 视频
"客户接待日程安排"

基础知识

1. 接待日程安排表的内容

制作接待日程安排表是客户接待准备工作中的一项重要任务。接待日程安排表要写清楚活动安排的具体日期、时间、地点、活动内容、陪同人员及需要备注的注意事项。其中活动内容包括迎送、会见、洽谈、参观、考察、娱乐、聚餐等项目。

图 2－1－5

2. 制作接待日程安排表的原则

（1）统筹兼顾。安排接待的日程活动既要从公司的全局出发统一筹划，又要对来访客户的要求予以充分考虑。

（2）完整明确。接待日程中的每一项活动包括迎送、洽谈、娱乐等都要在接待日程安排表中列出来，每一个项目对应的时间、地点、内容、陪同人都要明确。

（3）留有余地。接待日程表中各项活动的时间安排要留有余地，尤其是重要活动之间不要安排得过于紧密，否则一旦出现临时情况就无法应对。

（4）讲求效率。接待日程表的安排要体现效率原则，对本次接待工作有直接联系或重要的活动，要优先安排。

3. 制作接待日程安排表的注意事项

（1）接待日程安排表的制定通常由接待方来负责，接待方在制定前应先与来访客户做好沟通，对于来访客户的计划与要求进行充分考虑。每一项活动的具体安排既要考虑客户的主观需求，又要结合客观情况。日程安排表一旦确定，应及时向来访客户通报情况。

（2）如果来访的客户需要接待人员进行接机、接站，日程安排表中需写明具体到达的时间、地点及联系人；如果来访客户是重要客户，安排迎客、送客宴的具体时间、地点和接待领导人要在日程安排表上写明，如果有注意事项也要在表格中进行备注。

（3）如果日程安排表中有来访客户参观公司的活动，时间一般安排在客户抵达后的首个适当的工作时间段，通常安排半天时间。根据不同的接待规格及来访目的，由接待人员按事先设定的参观线路针对性地介绍公司的基本情况，注意要突出公司的优势。

（4）接待日程安排表格式不固定，但是内容必须完整且清晰。对于接待活动涉及的项目都要在表格中体现，每一个活动项目所对应的时间、地点、内容、陪同人、负责人等都要明晰。

4. 接待日程安排表（样例）

表 2－1－6　接待日程安排表

日期	时间	地点	活动内容	陪同人员	备注
5 月 7 日	20：00	白云机场	接机 送回酒店	王总经理、陈秘书及相关接机人员	20：00 安排人员到机场（航班到达时间 21：00）
5 月 8 日	8：30	广州大酒家	迎宾	王总经理等一行	派总经理专用车（奥迪 A6）迎接
	9：00	公司会客厅	迎宾仪式	王总经理及主要领导人	播放公司宣传片
	10：00—12：00	公司高新技术工业园	参观高新技术工业园	王总经理、陈秘书、工业园负责人李 ×	

续上表

日期	时间	地点	活动内容	陪同人员	备注
5月8日	12:00—14:30	广州大酒家水仙厅	午餐 午休	王总经理、李×	派奥迪专用车送回酒店
	15:00—17:00	广州大酒家会议室	业务洽谈	业务部吴经理、廖主管	
	17:30	广州大酒家知味厅	自助晚餐	业务部吴经理、廖主管	
5月9日	9:00	白云机场	送机	王总经理、陈秘书、司机	派总经理专用车（奥迪A6）送机

5. 相关资料

相关资料包括企业或产品宣传册、宣传单、宣传片、PPT演示文稿等纸质和电子资料。目的是宣传企业形象，建立来访客户对企业的好感和信任度，并信赖该企业的产品或服务。在客户来访前，准备好相关宣传资料，也能事半功倍，提升来访客户的满意度。

学习情境

◆ 情境一 ◆

本公司今年的经营颇见成效，李总的朋友王总闻讯，联系李总要派他公司（腾飞通讯有限公司）销售部的主管王军和他的团队前来公司参观学习，主要学习内容是了解公司的经营理念、学习公司的先进管理方法、与本公司销售部员工交流经验。腾飞公司一行4人将于5月6日下午13:40到达公司，17:00离开。请根据上述情景，为本次活动制作日程安排表并列出所需相关资料。

（1）注意要初步安排来访日程，再征求领导意见。

（2）与团队成员一起讨论日程安排时间、地点、内容、人员等注意事项，再制作日程安排表。

（3）制作接待日程安排表要遵循统筹兼顾、完整明确、留有余地、讲求效率的原则。

（4）相关资料可包括公司经营理念、管理方法等。

◆ 情境二 ◆

本公司欲与加拿大某企业合作，加拿大以品牌、技术入股，利用上海比较便宜的原材料和人工，共同生产国内紧缺产品。加拿大代表团一行6人将于8月3日下午来访，为更深入了解公司的基本概况，准备参观公司生产车间，商讨合作的具体事宜，顺便体验上海的风土人情。本次来访将安排一天的时间进行交流访问、参观车间，一天时间进行会谈和签约。陪同人员主要有本公司张总、秘书李敏、生产部主管黄俊、业务部主管王民、公关部主管林莉。请根据上述情景，为本次活动制作日程安排表并列出所需相关资料。

（1）向领导汇报加拿大代表团的来访目的，提出建议，征求领导意见。

（2）与团队成员一起讨论具体时间、地点、内容、人员等注意事项。

（3）制作接待日程安排表要遵循统筹兼顾、完整明确、留有余地、讲求效率的原则。

（4）分两天制作日程安排表。

（5）相关资料可包括公司宣传册、产品宣传册、公司生产资料、上海旅游交通指引等。

活动设计

1．活动条件

客服工作台、计算机、“客户来访信息申请表”、常用办公工具。

2．活动组织

（1）大家分成8组，每组6人（根据班级人数进行调整），1人作为总经理，1人作为客服人员，其余4人作为客户团队成员，共同商讨日程安排。

（2）每组按照各自不同的两种情境模拟进行日程安排表制作。

（3）完成一轮训练后，每组派一名学生进行成果汇报。

（4）其他小组学生和教师分别进行点评，再进行第二轮情境训练。

3．注意事项

在集中办公环境内不能大声喧哗，避免影响其他在岗客服人员的正常工作。

4．活动实施

活动实施见表2－1－6。

表2－1－6　活动实施

序号	步骤	操作及说明	服务标准
1	征求领导意见	（1）制作日程安排表前，先向领导汇报来访客户的基本情况，并就活动安排提出建议。 （2）征求领导意见，及时记录注意事项。	（1）向领导汇报时音量恰当、咬字清晰、语调适中。 （2）能如实反馈客户信息，礼貌征询领导意见。 （3）能快速记录关键点。
2	组织团队讨论日程安排细节	（1）整理客户来访信息，将领导意见分发给团队成员。 （2）团队成员一起讨论日程安排细节。	（1）资料整理要清晰、有条理。 （2）能根据制作接待日程安排表的原则进行具体活动安排。 （3）日程安排内容要包括时间、地点、活动内容、陪同人员、注意事项等具体事宜。

续上表

序号	步骤	操作及说明	服务标准
3	将相关内容填入日程安排表中	（1）与团队成员确定具体细节安排。 （2）将相关内容填写到日程安排表中。	（1）日程安排合理，既兼顾公司实际，又符合来访人员习惯与要求。 （2）内容填写细致、认真，字迹工整、清晰。
4	将日程安排表送领导审核。	（1）将制作完成的日程安排表整理成电子文档。 （2）经团队成员检查无误后呈送给领导审核。	（1）电子文档格式规范，字体大小合适，无错别字。 （2）呈送领导审核时机恰当。 （3）注意领导反馈。
5	准备相关资料	（1）与团队成员一起商讨需要准备的资料清单。 （2）通知相关部门及人员准备宣传资料	（1）宣传资料要根据日程安排表确定。 （2）通知的时间恰当，内容清晰、完整

活动评价

活动评价见表2－1－7。

表2－1－7　评价表

评价标准	评价（是/否）		
	情境一	情境二	情境三
能初步安排来访日程			
能向领导汇报来访目的			
能征求领导意见，及时记录注意事项			
能与团队成员共同讨论安排细节			
能遵循制作接待日程安排表的四个原则			
能规范填写日程安排表			
能在恰当时机呈送领导审核			
能准备公司生产资料、管理方法等宣传资料			

知识链接

企业宣传册与产品宣传册

紧张的竞争让企业纷纷开始感受到宣传的重要性，而宣传册就是最常见的手段之一。企业宣传册和产品宣传册是快速、有效、便捷地让读者了解企业及产品的广告媒介之一。

企业宣传册主要体现企业的基本情况，如企业精神、企业文化、企业发展定位、企业性质等，一般以形象为主、以产品为辅。企业宣传册一般以纸质材料为载体，制作时结合企业特点，从图片排列到色彩设定、从材质挑选到印刷工艺质量，都要做整体地考虑和规划，将他们有机地融合在一起，服务于企业内涵建设。

企业产品宣传册的重点则在于产品的特性，如功能、特性、用途、服务等，旨在宣传产品或服务本身。内容设计上，我们要明确针对的目标群体是谁，再者就是业务范围，通常包括业务范围、业务流程、服务优势等。

强化训练

7 月 5 日公司总部副总裁王明一行 4 人将来公司视察，将于 8 点 30 分到达公司。视察内容包括：在会议室听本公司总经理、副总经理 3 位领导述职，参加公司优秀员工表彰大会及到工地检查公司实验大楼建设情况，中午和晚上在公司附近海王星餐厅就餐，陪同人员主要有公司总经理、两位副总经理、办公室主任、经理秘书、工地负责人共 6 人。请根据上述情景，为本次活动制作日程安排表并列出所需相关资料。

提示：

（1）向领导汇报视察内容，提出建议，征求领导意见。

（2）与团队成员先一起讨论具体时间、地点、内容、人员等注意事项，再制作日程安排表。

（3）制作接待日程安排表要遵循统筹兼顾、完整明确、留有余地、讲求效率的原则。

（4）相关资料可包括优秀员工资料、实训大楼建设有关资料等。

职业能力 2-1-3 能根据会议类型和规格合理布置会场

学习目标

1. 能明确会议的类型及规格。
2. 能根据会议类型及规格选择会场布置形式。
3. 能准备好会场布置用具并合理布置会场。

核心概念

会议类型：根据会议的内容和性质，会议类型可分为庆典性会议、总结性会议、座谈性会议、洽谈性会议、招待性会议和展示性会议等。

会议规格：按照会议规模大小，可将会议划分为小型会议、中型会议、大型会议、特大型会议。

图2-1-6

基础知识

1. 常见会议类型

（1）庆典性会议：为纪念重大历史事件或庆祝重要节日而召开的会议。如年会、茶话会等。

（2）总结性会议：某项工作进行到某一阶段或结束后进行总结、评比、表彰而召开的会议。如表彰大会、总结会等。

（3）座谈性会议：为听取各方意见或交流思想而召开的会议。如座谈会、经验交流会等。

（4）洽谈性会议：为进行商业贸易等经济性活动而围绕合同、协议等召开的商讨性会议。如商务洽谈会、商务谈判会等。

（5）招待性会议：以礼节、招待为目的而召开的会议。如招待会、宴会等。

（6）展示性会议：以产品展销为目的而召开的会议。如展销会、博览会等。

2. 会议规格

（1）小型会议：一般指参加人数在一百人以下的会议。如研讨会、商务谈判等。

（2）中型会议：一般指参加人数在一百人以上、一千人以下的会议。如规模中等的单位全体会议、商务宴请会议等。

（3）大型会议：一般指参加人数在一千人以上、一万人以下的会议。如大型庆典活动、表彰大会、年会等。

（4）特大型会议：一般指参加人数在一万人以上的会议。如展会、节日集会等。

3. 会场布置形式

（1）半围式（T字形）。将多张会议桌排成T字形，半围的形状既突出主席台位置又营造轻松的氛围，可多设几个麦克风以便自由发言，有利于与会者参与讨论及幻灯片讲解。适合小型会议。

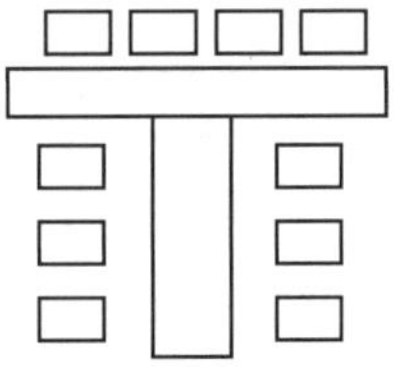

图2-1-7　T字形会场

（2）全围式（圆形/多边形）。由多张会议桌拼在一起，可以是圆形、多边形。不设专门主席台，与会者围坐在一起，体现平等的地位。适合规模较小且身份级别相当的会议，如洽谈会、经验交流会等。

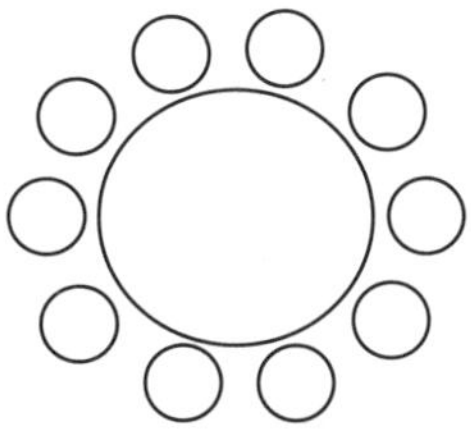

图2-1-8　圆形会场

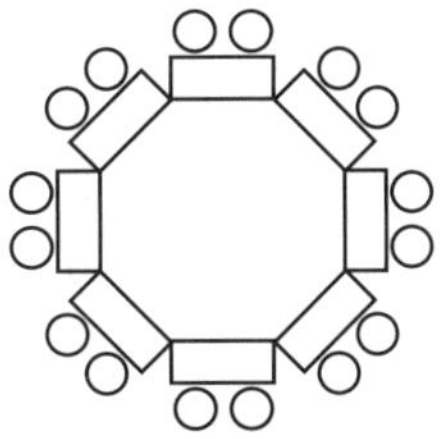

图2-1-9　多边形会场

（3）相对式（礼堂形/教室形）。主席台与代表席采用上下相对的形式，会场气氛较为严肃和庄重。此种桌形摆设可针对会议室面积和观众人数，在安排布置上有一定的灵活性。适用于论坛、培训会等。

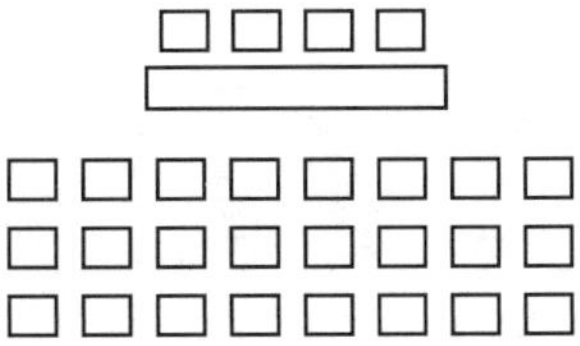

图2-1-10　礼堂形会场

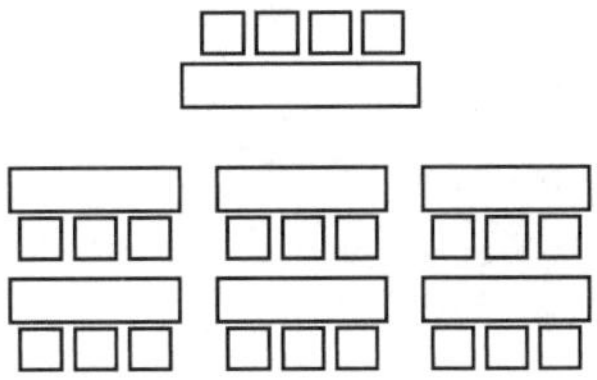

图2-1-11　教室形会场

（4）分散式（圆桌形/V字形）。将会场分为若干个中心，由多张圆桌组成，桌与桌之间留有过道。通常设有主桌，既突出领导位置，又给与会者多个交流中心，气氛较为轻松。适合中式宴会、公司年会等。

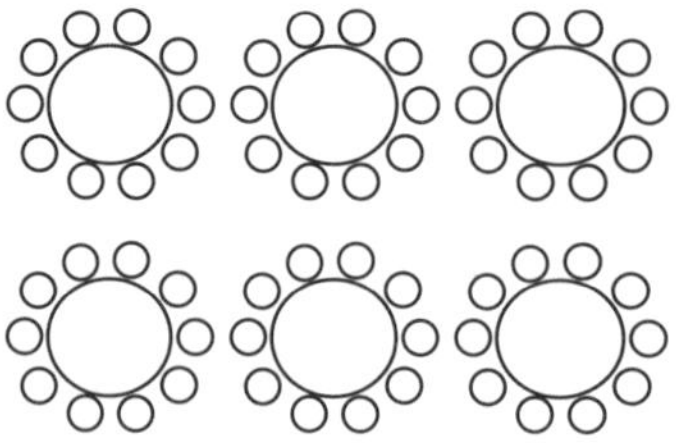

图 2－1－12　圆桌形会场

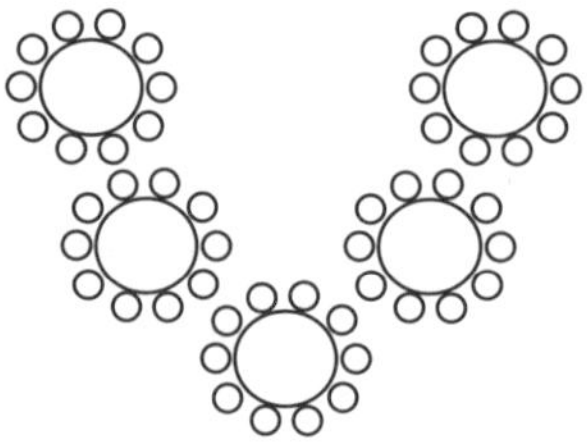

图 2－1－13　V 字形会场

4. 常见的会场布置用具及摆放

（1）欢迎标语。欢迎标语常常直接写明会议主题，其表现形式可以为横幅或 LED 屏等。横幅的制作要提前确认长度、字体大小等，悬挂时规范挂于会场正上方居中；用 LED 屏展示时应注意提前确认好文字内容、字体大小、字距及亮度等。

（2）指示牌。指示牌是指指示方向的牌子，这些标志能够保证宾客及时找到相应的位置。会议指示牌必须提前在会场入口处设置好，转角处也要设置会议指示牌。如会场较复杂的，还要在显眼处设置咨询指向牌、厕所指向牌等。

（3）座席牌（水牌）。座席牌是桌面展示牌的一种，会议中常使用座席牌来展示与会嘉宾的姓名、职位等。座席牌的摆放讲究一定的座次安排。主席台座次的安排通常按照职务的高低而定，职位最高的领导居中，其他领导依次以职位最高者为中心按左右顺序摆放。

（4）多媒体设备。多媒体设备是用于播放文字、声音、图像所需的一套电子设备，包括计算机、投影仪、音响、麦克风等。若会议需使用计算机、投影仪、音响等视听设备，要及时联系相关部门准备和安装，并在会前对所需的多媒体设备进行全面调试，以确保会议的顺利进行。

（5）装饰性用具。装饰性用具是用以装饰会场的用品，如旗帜、花卉、灯饰、工艺品等。适当选择装饰性用具并摆放到合理的位置，能更加突出会议的主题，渲染气氛。

（6）服务性用具。服务性用具是客户提供服务的器具或物品，如文具、茶具、矿泉水、点心、水果等。根据会议性质不同选用所需的服务性用品更能满足个性化需求。

图 2－1－14　座谈会会场布置图

图 2－1－15　表彰大会会场布置图

学习情境

◆ 情境一 ◆

如果来访客户一行 6 人，行程安排主要是与本公司洽谈业务。应选择怎样的会场布置形式？需要准备哪些会场用具？该如何合理布置会场？

（1）来访人数不多，以洽谈业务为目的，可选择小型会场、半围式会场布置形式。

（2）准备洽谈会所需用具，包括欢迎标语、座席牌、文具、茶水、投影设备等。

（3）座席牌摆放注意结合身份、职务有序摆放。

（4）注意检查投影设备是否正常。

◆ 情境二 ◆

如果来访客户是作为嘉宾参加公司年度表彰大会，大会约有 200 人出席。应选择怎样的会场布置形式？需要准备哪些会场用具？该如何合理布置会场？

（1）来访人数较多，总结性会议性质，可选择大型会场、相对式会场布置形式。

（2）设置主席台，可根据参与部门划分区域安排座位。

（3）准备表彰大会所需用具，包括横幅、座席牌、发言台、鲜花、绿植、茶水、点心等。

（4）会场布置以鲜亮颜色为主，主席台话筒及座席牌事先摆好。

（5）检查灯光设备、影像设备、音响设备是否完好，提前调试。

活动设计

1. 活动条件

实训室、相关会场用具。

2. 活动组织

（1）大家分成 8 组，每组 6 人（根据班级人数进行调整），小组指定一名负责人。

（2）每组抽取两个情境模拟题中的一个，模拟进行会场布置，小组成员分工合作。

（3）完成会场布置后，其他小组及时点评纠错。

（4）小组成员根据点评意见，完善会场布置。

3. 注意事项

布置会场时要保持会场的干净、整洁，做好卫生清洁。

4. 活动实施

活动实施见表 2－1－8。

表2-1-8 活动实施

序号	步骤	操作及说明	服务标准
1	明确会议的类型及规格	查看接待日程安排表，明确所涉及的会议类型及规格。	（1）会议类型：庆典性会议、总结性会议、座谈性会议、洽谈性会议、招待性会议、展示性会议。 （2）会议规格：小型会议、中型会议、大型会议、特大型会议。
2	选择会场布置形式并进行桌椅摆放。	（1）根据会议类型及规格选择会场布置形式：半围式、全围式、相对式、分散式。 （2）按照会场布置形式合理进行桌椅摆放。	（1）半围式会场适合小型培训会议、研讨会等。 （2）全围式会场适合小型、身份级别相当的洽谈会，经验交流会等。 （3）相对式会场适合人数较多的论坛、培训会等。 （4）分散式会场适合中式宴会、公司年会等。
3	准备会场布置用具。	根据会议性质及会场形式准备所需用具：欢迎标语、指示牌、座席牌、装饰性用具、服务性用具、多媒体设备等。	（1）标语内容要突出主题，指示牌设置合理，座席牌写清姓名、职务等。 （2）装饰会场用品的选择能突出会议的主题、营造良好的环境与氛围。 （3）根据会议需求准备所需文具及茶水、点心。 （4）计算机、投影仪、音响、麦克风等多媒体设备齐全。
4	合理布置会场	（1）张贴横幅、标语，悬挂会徽、红旗等。 （2）摆放指示牌、座席牌。 （3）摆放其他特色工艺品如字画、花卉、灯饰等。 （4）摆放文具及茶具点心。 （5）安装并调试多媒体设备	（1）横幅、标语、会徽、红旗等悬挂位置适中。 （2）指示牌、座席牌摆放位置显眼、恰当。 （3）花卉、灯饰、特色工艺品等摆放突出主题，与会场气氛协调。 （4）文具及茶具点心摆放整齐有序、数量无误。 （5）多媒体设备安装位置恰当。 （6）灯光光线舒适、投影图像显示正常、视频播放流畅无卡顿、音响音质清晰、声音大小合适、无杂音

活动评价

活动评价见表 2－1－9。

表 2－1－9 评价表

评价标准	评价（是/否）		
	情境一	情境二	情境三
能选择合适的会场布置形式			
能合理摆放桌椅			
能设置主席台			
能根据参会情况划分区域安排座位			
能选择符合会议性质及会场形式的会场用具			
能正确悬挂横幅、标语			
能准确摆放座席牌			
能准备好茶水点心			
能安装多媒体设备			
能检查并调试灯光设备、影像设备、音响设备			

知识链接

如何营造良好的会议氛围

色调，不同的色彩与色调能让人产生不同的心理感受。例如，红色、橙色、黄色等给人以热烈、辉煌的感觉。青色、绿色、蓝色等给人以清爽、娴静的感觉。因此，时间较长的会议，会场可用绿色、蓝色的窗帘以消除与会者的疲劳。代表大会表彰庆祝大会会场的色调布置要鲜亮、醒目一些以显示热烈、庄严、喜庆的气氛。

花卉，是最基本的可以烘托会场氛围的装饰。适当的花卉能给人以清新活泼之感，既能点缀会议氛围，又能减轻与会者长时间的疲劳。

旗帜，一些比较庄重的会议宜在会场内外插一些旗帜，简洁明快的标语口号能振奋与会者精神，甚至达到强化会议主题的效果，以烘托气氛。

文具，会议中不可缺少的记录用品。提前在座位上准备笔、纸张等会议所需资料，每人一套摆放整齐，能提升参会人员的满意度。

茶水、点心，会议的常规服务项目之一。茶具一般选用瓷器、玻璃茶具，可按照季节准备，夏季以瓶装水为佳，冬季以茶水、咖啡进行准备。对于时间较长的会议，可准备适量的水果、点心，以缓解与会人员的劳累程度，推进会议顺利进行。

强化训练

如果来访客户受邀参加公司的茶话会，约 50 人出席。应选择怎样的会场布置形式？需要准备哪些会场用具？该如何合理布置会场？（画出会场布局图）

提示：

（1）准备茶话会所需用具：茶水、点心、鲜花、绿植等。

（2）根据会议性质应选择便于参会人员互相交流的会场布置。

（3）会场布置以清新优雅为主，使人感到放松，茶水准备要充足。

（4）检查灯光设备、音响设备是否完好，提前调试。

工作任务 2-2 接待实施

职业能力 2-2-1 能按照接待规范迎接客户

学习目标

1. 能遵循商务礼仪开展迎接客户工作。
2. 能根据不同的迎接情境及时恰当地开展迎接工作。

核心概念

迎接客户：在客户到达企业时，客服人员开展的系列欢迎工作。迎接客户是给客户良好印象的重要工作，也是树立企业良好印象的关键环节。

基础知识

1. **迎接时的仪容仪态要求**

（1）迎接时采用标准站姿。

身体直立，双臂下垂置于腹部，双肩平正，放松下沉，站立时目光平视前方，在约定时间10分钟前到达约定位置，保持仪容整洁大方，精神饱满，随时等候客户的到来。

（2）迎接时应掌握的礼貌用语。

• 自我介绍：您好，我是××，是××公司的客服人员，很高兴见到您。

• 介绍他人：这位是我们公司的××，主要负责××。

（3）握手礼仪。

图 2-2-1

握手时一定要用右手握手，握手时双目应注视对方，微笑致意或问好，握手时间一般以1～3秒为宜，多人同时握手时应按顺序进行，切忌交叉握手。男士与女士握手时，一般男士不要先伸手，握手时只宜轻轻握女士手指部位。男士握手时应脱帽，切忌戴手套握手。

拒绝对方主动要求握手的举动是没有礼貌的行为。但手上有水或不干净时，应谢绝握手，同时予以解释并致歉。

2. 递交名片

名片是自我介绍和社交联谊卡，是商务礼仪人员个人形象和企业形象的有机组成部分。

递交名片时，用双手的大拇指和食指拿住名片上端的两个角，名片的正面朝向对方。遵循由尊而卑，由近及远的顺序，并配合规范用语“这是我的名片，请多指教，希望保持联络”或者“初次见面，请多多关照”。

接收名片时，站起（位高者可坐着）面带微笑、目视对方；双手接过，接过后认真默读一便，以示尊重；同时致敬语：“请多关照”“谢谢”。

3. 行进引领

客服人员应走在客户左前方 1～1.5 米处，并不时回头示意客户，遇有楼梯或拐弯、不平之处要提醒客户注意。引领时应对客户招呼“请跟我来”“这边请”“请注意台阶/楼梯”，同时伴以请式手势。请式手势要求规范适度，应将手臂自然弯曲，手指并拢，手掌心向上，以肘关节为轴，指向目标，动作幅度不要过大。同时眼睛要引导客户向目标望去，切忌用一个手指头指引。

图 2－2－2

2－2－1 微课
“电梯礼仪”

学习情境

◆ 情境一 ◆

胜牌电梯公司是一家提供电梯销售和相关服务的大型企业。今年广东交易会期间，有大批采购商前来参观。如果你是客服专员，采购商王小姐临时到访企业，并没有提前预约，怎么办？

（1）客服人员接到客户参观信息后，需要迅速前往前台迎接。

（2）见面握手问候，呈递名片，并了解此次来访目的，指引客户填写来访登记表。

（3）根据来访目的通知相关人员做好准备，引导客户进入企业。

◆ 情境二 ◆

交易会期间，胜牌电缆企业需要接待大批外地客户前来企业参观。如果你是客服专员，华清公司刘经理和陈助理搭乘飞机前来参观，航班信息如下：

航班号：AH0710，到达时间：上午 10 时 10 分，降落机场：白云国际机场，来访人员：两名（刘经理和陈助理），联系电话：1892239 × × × ×

如果你是接待人员，请问如何接机？

（1）提前了解客户的航班号以及达到时间，提前到达机场迎接客户。如果是陌生客户，可以高举写有客户姓名/客户单位名称/活动名称的醒目接站标牌，方便客户确定。

（2）接到顾客后需要热情欢迎，介绍身份并呈递名片，然后握手问候，并指引前往接机汽车。过程中，客户所带箱包、行李，要主动代为提拎。客户有托运的物品，应主动代为办理领取手续。

（3）在前往企业的路途上，如果客户是第一次来，可以介绍当地风土人情，也可以简单地介绍接下来的流程，调节车内气氛。

（4）到达企业后，企业其他人员应在目的地等候，车辆到达目的地后，客服专员应下车，为客户打开车门，需要注意开关车门的礼仪。

◆ 情境三 ◆

交易会过后，华清公司刘经理希望再次拜访公司，约定时间为上午 10 点，但是超过约定时间刘经理还没有到达。

如果你是客服人员，客户在约定时间并没有到达，你怎么办？

（1）客户超过了预约时间还没有到达，客服人员可以致电及时了解对方的情况。

（2）如果是客户正在前来的路上，礼貌地告知客户不用着急，并主动根据客户当时所在地点进行路线指引。

（3）如果客户临时取消来访，客服专员需调整心态，不得带有负面情绪，应耐心礼貌地表达惋惜，并与客户重新确定来访时间。

◆ 情境四 ◆

作为胜牌电梯公司客服人员，在广交会期间经常需要接待前来企业参观的采购商。从企业大门到达展厅需要经过几个大门。

如果你是客服人员，在行进引领的过程中遇到开门或者关门，你应该怎么做？

（1）如果遇到开、关门，则需要遵循以下动作标准，并配合规范用语“请您稍等，我先去开门”“这边是旋转门，请留意”“门已经打开，请进”。

（2）如果门是向里面开的，客服人员应该先入内拉住门，侧身再请客户进入。

（3）如果门是向外面开的，客服人员应该先打开门，再请客户进入。

活动设计

1．活动条件

迎客前台、个人名片、来访信息登记表。

2. 活动组织

（1）大家分成8组，每组6人（根据班级人数进行调整）。2人作为客服人员，2人作为客户，2人作为客服主管（评价员）。

（2）每组按照各自不同的情境模拟题进行实训，角色轮换操作。

（3）完成一轮训练之后，大家及时点评纠错，再进行第二轮情境训练。

（4）巩固迎接客户的步骤和标准，并举一反三。

3. 注意事项

（1）迎接客户要注意合理避让进出人员。

（2）迎接交谈声音不宜过大，避免影响其他在岗人员的正常工作。

4. 活动实施

活动实施见表2－2－1。

表2－2－1　活动实施

序号	步骤	操作及说明	标准
1	客服人员提前达到约定地点等候	（1）提前确认客户到达的时间和地点，并再次熟悉客户信息。 （2）提前10分钟到达约定地点，并准备好名片。	（1）等候时需要面带微笑，标准客服站姿。 （2）观察四周情况，提前发现客户，掌握迎接客户的主动性。
2	客户到达时，客服人员握手问候。	（1）客服主动握手，并进行自我介绍：“您好，我是××，是××企业的客服人员。/很高兴见到您，我是××企业的客服人员××，之前一直是我跟进您的来访。” （2）在自我介绍的同时，主动握手。	（1）问候时面带微笑，声音温和，注视客户。 （2）握手时自然大方，力度与时间适中，遵守握手礼仪。
3	与客户互相介绍双方成员。	（1）主动向客户介绍本公司陪同迎接的人员：“这是我们公司的××，和我一起负责本次的接待”。 （2）耐心、微笑倾听客户介绍成员。	（1）客服人员介绍成员时，需要先介绍本公司人员情况，让客户优先了解情况。 （2）需要完整耐心地倾听客户的介绍。
4	呈递和接受名片。	（1）主动呈递名片，并礼貌地说：“这是我的名片，请多指教。” （2）双手接受名片并认真查看，并同时使用礼貌用语“谢谢”。	（1）标准站姿，双手呈递，名片的名字朝向客户。 （2）接受名片时面带微笑，目视对方。

续上表

序号	步骤	操作及说明	标准
5	引领客户进入	（1）指引客户进入公司，并礼貌地说“请跟我来”。 （2）遇有楼梯或拐弯、不平之处要提醒客户注意	（1）走在客户前方 1 ~ 1.5 米处，使用规范引领手势。 （2）走在客户面前需要不时回头示意

活动评价

活动评价见表 2－2－2。

表 2－2－2　评价表

评价标准	评价（是/否）			
	情境一	情境二	情境三	情境四
能迅速前往前台接待				
能握手问候，呈递名片，自我介绍				
能指引客户填写来访登记表				
能了解客户达到时间，并提前迎接				
能热情接待，提拿行李，欢迎上车				
能为客户介绍接待流程				
能提前下车，为客户打开车门				
能致电客户了解情况				
能给予客户路线指引				
能与客户重新确定来访时间				
能规范进行行进引领				
能根据开门的不同情况做好行进引领				

知识链接

乘车接待礼仪

在正式的商务接待中，乘车礼仪也是文明礼貌的体现。应该让客户先上车，客服人员应该快速用左手固定车门，右手护住车门上沿，防止客户碰到头部，在确认客户身体安全进车后轻轻关上车门。下车时客服人员应先下车，快速为客户打开车门，同时一手固定在车门上方，另一手护住车门，再邀请客户下车。

强化训练

（1）请为自己设计一张客服专员名片，要求正反两面均有内容，除基本信息外其他内容自定义。

名片内容：

企业名称：广州市××物流公司（广州市××路×××号首层）

职务：客服专员

联系方式：1399999××××

（2）如果你是客服人员，在引领客户过程中需要上下楼梯时，应该怎么做？

职业能力 2-2-2 能按照接待规范提供会间服务

学习目标

1. 能提供指引签到、斟茶等适宜的会间服务。
2. 能根据不同的会间环境，及时恰当地开展会间服务工作。

核心概念

会间服务：是会议期间的服务工作，是客户接待的重要环节，需要客服人员具备会间服务能力、应变能力以及良好的商务礼仪。良好规范的会间服务能提升客人对企业的印象。

图 2-2-3

2-2-2 微课
“会间服务礼仪”

基础知识

1. 组织签到

（1）会议签到是指会议举办者以查看出席会议人数为目的，从而在会议开始之前的一个行为。客服人员在会议开始前，提醒并引导客户在预先准备好的签到簿上按要求签署自己的姓名。

签到一般使用黑色签字笔，客服人员在递签字笔的时候，应该双手呈递，需将尖端朝向自己握在手中；在接物时，应双手接，对接过来的物品要表示关注，同时点头示意道谢。

（2）规范用语。

指引签到时：您好，请在这边签到/这是我们的签到本，请麻烦签到。

递签字笔时：这是签字笔。

接签字笔时：谢谢配合。

2. **座次安排**

如果会议室已经准备好客户姓名牌，则按照姓名牌指引入座。如果没有准备，则需要遵循以下原则：

（1）客户和公司负责人面对面坐时，面向大门的为尊位，应让客户就座。

（2）客户和公司负责人并列坐时，右手边位置为上位，应让客户就座。

（3）如果会议人数较多，那么应该“居中为上”“以右为上”和“前排为上”。

3. **拉椅让座**

客服人员立于椅子后面，双手握住椅背两侧将椅子拉出，右腿在前，膝盖顶住椅子后部，轻轻拉至客户适当的位置。右手五指自然并拢示意座位，同时语言规范：“××先生/××女士，您请入座”。待客户入座的同时，顺势将椅子推向前方。

4. **斟茶**

（1）斟茶服务原则：先宾后主，女士优先。

主席台、嘉宾席、董事桌会议、回形会议服务，在客户后面右侧斟茶；课桌式会议可以在桌子前面给客户斟茶。

客户入座后，加水时站在客户的右后方，把杯子拿起，侧身斟茶。茶斟 7 分满，把茶杯放回杯垫上，轻轻盖上杯盖，并说“请小心烫”。

集中入场的客户，按照先主席台，从前到后的顺序斟茶，零星到场的客户按照先到先斟的顺序斟茶。

第一次斟茶后，在会场的边、后位置站立，不挡住客户视线，但能观察到客户的动向，以便及时提供服务；添加茶水时动作要轻稳，注意不能将水滴在桌上或客户身上，倒好茶水后茶杯仍放至原位；每隔 20 分钟进行茶水添加；多人加茶时要同时进入，同步服务。

（2）斟茶时规范用语。

首次斟茶时：您好，这是您的茶水，请慢用。

添加茶水时：您好，给您加点茶水。

学习情境

◆ 情境一 ◆

皇家卫浴公司的新品发布会准备召开，王经理是企业的大客户。会议室门口已经准备好签到桌，并且在座位上摆好姓名牌。你已经在公司门口迎接了王经理，请问你应该如何提供会间服务呢？

（1）指引王经理前往签到桌签到。

（2）快速寻找客户位置，并拉椅入座。

（3）及时提供斟茶和续茶服务。

◆ 情境二 ◆

你在会议室门口接待王经理时，由于王经理刚下飞机，携带了一个行李箱和一个行李包，并且手拎一件外套。如果你是客服人员，发现王经理有较多的随身物品，你应该怎么做？

（1）当客户有衣物，随身物品需要摆放时，应主动征求客户意见，帮客户提拎物品。

（2）指引签到，拉椅入座，征询客户同意后将客户衣服挂在衣架上，同时将随身物品放在不影响通道行走的地方。

（3）及时提供斟茶和续茶服务。

◆ 情境三 ◆

如果你是客服人员，在会议过程中发现有客户眼神和手势等行为示意需要帮助，请问你应该如何处理？

（1）客服人员在会议间应该扫视全场，观察客户需要。当发现客户通过眼神或者手势示意需要帮助时，客服人员应该轻且快地走到客户身边，半蹲并轻声询问："您好，请问有什么能帮助您？/您好，请问您需要什么？"

（2）当了解客户需求后，应该礼貌回应，并迅速解决客户需求。

（3）解决需求后询问是否需要其他服务。

◆ 情境四 ◆

会议安排中，有 15 分钟简短休息或离场饮用茶点时间，作为客服人员你应该怎么做？

（1）客服人员可以指引客户前往茶歇区稍作休息，同时，主动与客户沟通，避免客户独自一人。同时，可以借此机会将会场桌椅重新排列整齐，补充纸、笔等物品。

（2）茶歇结束后指引客户回到座位。

活动设计

1. 活动条件

签到簿、签字笔、签到台、椅子、茶杯、续水壶、矿泉水。

2. 活动组织

（1）大家分成 8 组，每组 6 人（根据班级人数进行调整）。2 人作为客服人员，2 人作为客户人员，2 人作为客服主管（评价员）。

（2）每组按照各自不同的情境模拟进行实训，每位角色轮换操作。

（3）完成一轮训练之后，大家及时点评纠错，再进行第二轮情境训练。

（4）巩固迎接客户的步骤和标准，并举一反三。

3. 注意事项

（1）在斟茶续水时，避免烫伤。

（2）迎宾交谈声音不宜过大，避免影响其他在岗人员的正常工作。

4. 活动实施

活动实施见表 2－2－3。

表 2－2－3　活动实施

序号	步骤	操作及说明	标准
1	引导客户签到	（1）如果签到桌在会议室进门处，则在指引入座前引导签到。 （2）如果在客户落座后再进行签到，则应邀请客户移步到签到台，或者将签到簿拿到客户座位进行签到。 （3）使用规范用语：请您在这里签到，谢谢。	（1）引导时面带微笑，声音轻柔，使用规范动作。 （2）使用规范用语邀请客户签到。
2	拉椅让座	（1）指引客户到达位置。 （2）为客户拉开椅子，服务入座，并使用规范语言“这是您的位置，请入座”。	（1）动作要自然、适度，注意与客户默契合作，使客户坐好坐稳。 （2）使用规范用语邀请客户入座。
3	为客户斟茶和续茶	（1）客户落座后，为客户首次斟茶。使用规范用语“您好，我为您斟茶，请小心烫”，同时配合手势。 （2）主动为客户续茶	（1）斟茶和续茶时动作要轻和稳。注意安全，避免烫伤自身和客户。 （2）续茶时动作不宜过大、过重。不要将水溅出，以免吸引客户注意而影响会议秩序。 （3）会议期间说话低声轻柔

活动评价

活动评价见表 2－2－4。

表 2－2－4　评价表

评价标准	评价（是/否）		
	情境一	情境二	情境三
能使用礼貌用语指引客户签到			
能提供斟茶添茶服务			
能及时发现客户有太多物品并提供服务			
能征询客户意见是否需要协助摆放			
能协助客户规范地摆放随身物品			
能指引客户签到并拉椅入座			
能及时发现客户需求并回应			

续上表

评价标准	评价（是/否）		
	情境一	情境二	情境三
能规范地提供服务			
能礼貌询问是否需要其他服务			
能及时指引客户前往茶歇区休息			
能主动与客户沟通			
能规范地指引客户回到座位			

知识链接

1. 签到新方式

随着科技的不断发展，签到的方式也日益更新。目前，比较智能的签到方式有以下几种。

（1）AI 技术——人脸识别签到。

人脸识别签到是通过定位面部，包括眼睛、鼻子、眉毛轮廓等关键区域位置，与数据库内（事先上传的）照片数据进行比对，最终确定与会者的身份信息。速度快、准确率高。

（2）手机二维码签到。

手机签到需要企业事先使用注册报名系统收集并导入客户信息。在会议现场，嘉宾扫描二维码，填写相关信息，便可完成签到。

（3）手环签到。

企业将客户资料收集并导入手环芯片中。现场，参会嘉宾只需将手环靠近感应设备，即可快速识别信息进入会场。

（4）位置签到。

在会场指定范围内，与会者可以主动单击签到按钮实现签到。

（5）App 签到。

主办方可以与第三方签到软件合作，与会者只需利用指定 APP 验证手机号或者入场凭证签到。

2. 会议记录

会议记录是在对会议中各种材料、与会人员的发言以及会议简报等进行综合分析和概括提炼的基础上形成的，它具有整理和提要的基本特点。一般包含时间、地点、人物以及讨论事项四要素，使用黑色签字笔或者钢笔，如有需要可礼貌邀请公司领导和客户在表上签字。

表 2－2－5

会议记录			
会议主题		会议日期	
会议地点		会议主持	
与会人员			
会议概要			

强化训练

请小组合作，完成一次客服小组会议，每人填写一份会议记录。会议内容如下：

会议主题：总结会间服务学习内容。

会议人员：小组成员。

会议流程：每位组员依次针对本次课程学习内容谈一谈学习心得。

职业能力 2-2-3 能按照接待规范陪同参观

学习目标

1. 能提供规范有礼的陪同参观。
2. 能有效应变陪同参观过程中的各种情况。

核心概念

陪同参观： 客服人员陪同客人参观或考察公司。规范有礼的陪同参观，能充分展示良好的企业形象，加深客户对企业的认识和了解，有利于开展商务合作。

图 2-2-4

2-2-3 视频 “陪同参观”

基础知识

1. 陪同参观

（1）陪同参观路线。

客服人员需要确定陪同参观的路线，确定参观路线有以下几种依据。

①根据来访前确认的相关信息，制定参观路线。

②根据我方希望展示的内容，制定参观路线。

③根据客户要求制定相关参观路线。

如生产型企业参观路线：公司全景沙盘介绍—展厅参观—生产线参观。

（2）陪同参观礼仪。

仪表：面容清洁、衣着得体。

举止：稳重端庄、从容大方。

言语：语气温和、礼貌文雅。

态度：诚恳热情、不卑不亢。

在参观过程中，客服应走在宾客前方，时时注意引导，遇进出门、拐弯或上下楼梯时，应伸手示意。

2. 公司总体介绍

公司总体介绍是让客户从总体上对企业有一个概括性的认识，一般可从以下几个方面进行介绍。

（1）我们是谁。主要介绍企业的成立时间、企业文化、经营宗旨、厂房总体分布和办公区域分布等。

（2）我们做什么。主要介绍公司的主营业务。

（3）我们怎么做。主要介绍公司的生产流程和生产资格。

（4）我们未来发展。主要介绍公司未来的发展前景和发展方向。

3. 产品介绍

（1）产品总体介绍。介绍产品的总体情况。

（2）产品功能。介绍产品主要功能，能解决什么问题。

（3）产品优势。介绍产品突出的特点和优势。

4. 合影

合影留念在接待中可起到“催化剂”的作用，可以巩固宾主双方的友谊。

（1）征求合影。在合影前，客服人员需要咨询客人的意见：“××先生/女士，我们方便一起合影留念吗?”客户同意拍照后才能安排专人负责合影，不得勉强。

（2）合影站位原则。国内合影一般为“居前为上，居中为上，居左为上”。国际惯例讲究“以右为尊”，即主人居中，主宾居右，其他双方人员分别“主左宾右”依次排开。

学习情境

◆ 情境一 ◆

企业简介：美丽华服装有限公司是一家集专业设计、生产和销售工作服于一体的现代化企业。企业以多品牌、全渠道、精聚焦为发展策略，整合全球优势资源，为客户提供高品质、高品位的着装体验。

超前研发促创新：公司创办了设计研发中心，现有服装专业技术人员40余人，根据国际国内服装流行趋势，不断开发新产品、新工艺。

严格管理强质量：公司建立了完整的企业内部质量保证体系，主要包括原材料采购—成衣生产—成品出厂三个环节，分别由经营部、生产技术部、质检部等职能部门层层把关，确保产品一等品率达到99%以上。

优质服务拓市场：公司建立了完备的售前、售后服务制度。

经营理念：客户至上，信誉至上，质量至上。

经营宗旨：质量求生存，信誉谋发展。

产品特点：紧贴潮流，使用环保材质，高端时尚。

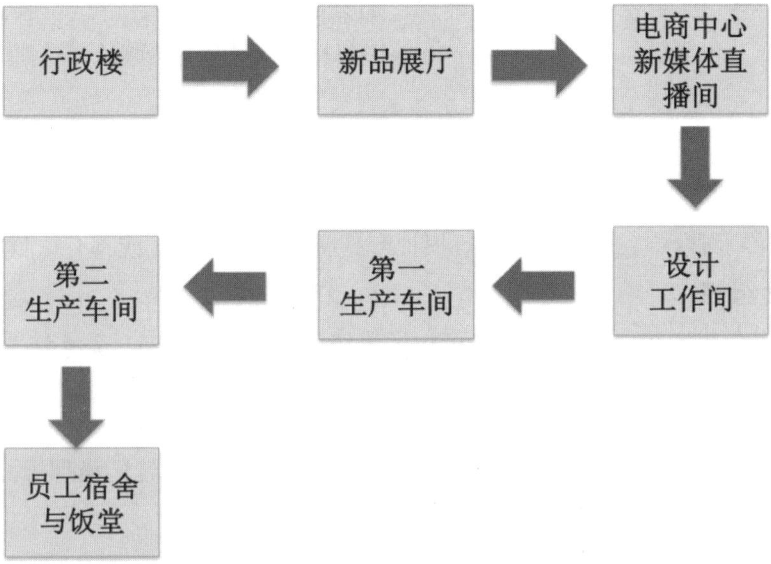

图 2－2－5　参观路线图

你作为美丽华服装有限公司的客服人员，需要接待一个集团的工会观摩团，结合企业信息和参观路线，你将如何进行介绍？

（1）礼貌地进行自我介绍。

（2）概况介绍本次参观的路线和所需时间。

（3）介绍企业基本情况。

（4）邀请客户合影留念。

◆ 情境二 ◆

在陪同客户参观的过程中，客户要对产品和生产车间进行拍照，如果你是客服专员怎么办？

如果是已经在市场上销售或者公开展示的产品，欢迎客户拍照。规范用语：“这些是我们已经在市场上销售的产品，欢迎拍照。”

如果涉及未发布产品或者商业机密，那么应该态度温和，婉转地告知客户未经允许，不能拍照。规范用语：“很抱歉，未经允许，这些未上市的产品、生产工艺和生产线不适合公开拍照，请您谅解。”

◆ 情境三 ◆

如果你是客服专员，陪同客人参观工厂车间应该怎么做？

陪同过程中应注意引导，提醒客户注意安全，进入生产车间提醒客户需要佩戴安全帽等防护工具，并主动提供防护工具，协助佩戴。同时，有礼貌地提醒客户在参观的同时不要影响生产。

◆ 情境四 ◆

如果你是客服人员，某位客人在参观的过程中需要接听电话，怎么办？

如果这位客户是此次接待的主要客户，那么需要稍作暂停，待这位客户接听电话后再做引领介绍。在等待过程中，不能冷落其他客户，适当寒暄缓解气氛。

活动设计

1. 活动条件

《公司宣传手册》、《产品宣传册》、模拟产品展厅、照相机（或具有拍照功能的设备）。

2. 活动组织

（1）大家分成8组，每组6人（可根据班级人数进行调整）。2人作为客服人员，2人作为客户，2人作为客服主管（评价员）。

（2）每组按照各自不同的情境模拟题进行实训，角色轮换操作。

（3）完成一轮训练之后，大家及时点评纠错，再进行第二轮情境训练。

（4）巩固陪同客户参观的步骤和标准，并举一反三。

3. 安全及注意事项

（1）陪同客户参观时应注意安全，避让其他人员。

（2）上下楼梯或者拐弯时，应及时提醒客户，注意安全。

4. 活动实施

活动实施见表2－2－6。

表2－2－6 活动实施

序号	步骤	操作及说明	标准
1	介绍参观路线和重点	（1）向客户介绍参观路线和重点。 （2）规范用语：××先生/女士，接下来是参观我们的企业。我们会先从展厅开始，然后参观我们的生产车间。请跟我来这边。	（1）面带微笑，主动有礼地向客户介绍参观路线。 （2）使用规范用语时配合体态手势。
2	陪同参观	（1）陪同客人参观公司展厅。 （2）引领客户参观生产车间。	（1）陪同参观展厅时，适当介绍公司情况产品特点，并演示产品使用。 （2）陪同参观生产车间时，适时介绍生产流程和工艺。 （3）注意使用规范用语和仪态，陪同过程中有交流。
3	合影留念	（1）主动征求客户意见是否合影留念。 （2）安排适当的合影位置，组织合影	（1）合影时主动安排站位，邀请客户和领导站在中间位置。 （2）使用规范用语

活动评价

活动评价见表2－2－7。

表2－2－7　评价表

评价标准	评价（是/否）		
	情境一	情境二	情境三
能礼貌地进行自我介绍			
能清晰地概括描述本次参观的路线和时间			
能介绍企业的基本情况			
能礼貌地邀请客户合影留念			
能根据既定路线带领客户参观			
能热情主动地介绍企业和产品情况			
能使用规范用语，婉转告知客户不能拍照			
能提醒客户注意安全，指引其佩戴安全帽			
能礼貌地提醒客户参观时不影响生产			
能稍作暂停，待顾客接听电话后再做引领			

知识链接

合影禁忌

在陪同客户参观过程中留下的影像资料，一般不宜用于对外宣传，更不能在没有征求客户同意的情况下随意发布。

涉外交往礼仪

中外礼仪是有一定差别的。国际礼仪强调关心有度，换而言之，不打探涉及个人隐私的问题。国际交往中有五个不宜随便问对方的问题，称为“涉外交往五不问”：不问收入问题、不问年纪大小、不问婚姻家庭、不问健康状态和不问个人经历。同时，需要遵循求同存异原则。

（1）客随主便，即以我为主，采用本国礼仪。

（2）兼及他方，即在采用本国礼仪的同时，适当地采用交往对象所在国的礼仪。

（3）国际惯例，既要尊重对象国的礼仪，更要遵守国际礼仪惯例。

强化训练

假如你作为学校周年庆接待外校来宾的服务人员，请完成以下任务：

（1）绘制校园参观路线。

（2）撰写学校介绍话术。

职业能力 2-2-4 能按照接待规范欢送客户

学习目标

1. 能规范有礼地欢送客户。
2. 能有效应对欢送客户过程中的各种情况。

核心概念

欢送客户：客户在拜访参观企业之后，客服人员有礼貌地送客户离开的行为。得体的欢送行为，能使客户留下对企业良好的印象，有助于促成合作。

基础知识

1. 赠送礼品

商务场合中，为了加深彼此之间的感情，一般会赠送商务礼品。商务礼品的受赠者多为外部企业的团体或个人，礼品的价值和文化特性的需求比较明显。商务礼品可以分为标志性礼品和交际性礼品两大类。

（1）标志性礼品：主要用于品牌形象的展示和宣传。这种礼品多用于企业间赠送，因此更强调企业的形象展示和文化传递。比如企业定做的 Logo 金质模型，刻有企业标志的笔记簿、钢笔等。

图 2-2-6

（2）交际性礼品：主要用于日常的各种商务交际场合，指用来提升送礼人与受赠者关系和情感的商务礼品，受赠者主要为商务合作伙伴。这类礼品需要考虑受赠者对礼品的个体需求，较为雅致又具有实用性的礼品一般都会受到欢迎，如红酒、紫砂壶、茶叶、字画等。

2. 企业在赠送礼品时需注意的细节

（1）不送转手礼品。

（2）撕掉价格标签。

（3）包装完整无破损。

（4）注意保存性和便携性。

3. 赠送礼仪

赠送礼品的时间一般选择在客户即将动身离别前。赠送礼品时，客服人员需要面带笑容，双手奉上，并使用规范用语："这是我们公司精心为您准备的礼品，希望您喜欢。""这是我们公司小小心意，希望您喜欢。"

4. 欢送

客户准备离开时，客服人员需要主动询问客户离开的方式，如果客户决定自行离开，则需要将客户送行至门口，目送客户远离才能离开。如果客户乘车离开，则根据客户的动向提前拉开其车门并护顶（一般客户坐后排右坐），客户上车时，要提醒："请小心台阶。"客户上车后，客服人员在确认客户已经将脚放入车内，轻缓地关上车门，并挥手告别，目送汽车走远后才能转身离开。

欢送时规范用语：

"今天很高兴见到您，欢迎您下次再来，再见！"

"欢迎您再次来我们公司参观考察，有什么疑问可以随时联系我，再见！"

"感谢您今天前来参观我们公司，进一步的合作事宜您可以联系我，我很高兴为您服务，再见！"

5. 接待记录表

"接待记录表"能记录客户来访的时间、地点以及接待情况，有利于后续跟进。客服人员需要在欢送客户之后，如实清晰地填写接待记录。

表 2-2-8　接待记录表

客户来访接待记录	
时间	
来访人员	
接访人员	
来访目的	
参观情况	
交流内容	
需后续跟进事项	
费用汇总	

学习情境

◆ 情境一 ◆

王经理是公司的重要客户，此次来访企业是为了预订明年新品。公司为了维护重要客户，想要为王经理选择一份有纪念意义的礼物。王经理是一名潮汕人，平时喜欢喝茶和收藏茶叶，作为对接王经理的客服人员，你认为哪些礼物合适，应该如何赠送呢？

（1）根据王经理喜好，判断选择送交际性礼品还是标志性礼品。

（2）在客户离开时及时赠送礼品，使用礼貌、自然的语言表达公司的心意。

（3）客户离开后及时填写“接待记录表”。

◆ 情境二 ◆

如果你是客服专员，面对未经预约的陌生客户，请问在欢送时应该怎么做？

如果是陌生客户，在客户离开时需要主动询问联系方式，并在“接待记录表”做明确记录，便于回访工作。

规范用语：“××先生/女士，很高兴今天您来我们公司参观，为了以后更好地联系和沟通，方便留一下联系方式吗？”

◆ 情境三 ◆

如果你是客服专员，客户在离开时表示需要公司为其准备车辆，你应该怎么做？

如果接待前已经了解客户需要，则需提前准备。如果临走时客户才表达需求，客服人员需要立即安排车辆。等车辆到达门口时，将客户引领至门外，主动为客户开车门，并协助客户上车，并提醒拿好物品。主动询问客户的目的地，并与司机交代地点。

如果是公司派出的司机，则需要后补“车辆使用单”。如果是使用第三方服务平台（如出租车），若是重要客户，则可以先垫付车费，后续报销。

◆ 情境四 ◆

如果你是客服专员，客户不接受礼品时，应该怎么做？

如果客户只是一般性推辞和客套，那么客服人员则需要为客户提供接受礼品的理由，让客户顺势接受礼品。如：“这是我们公司一份小小心意，是我们情感的见证，礼轻情意重，希望您笑纳。”

客户坚决不接受礼品时通常有以下原因：

（1）客户所属公司规定不得接受礼品。

（2）客户自身原因不接受，如携带不方便、商务习惯等。因此客服人员应该适可而止，切勿僵持在门口，造成不雅。客服人员可以事后深入了解客户不接受的原因，再采取行动。

活动设计

1. 活动条件

赠送礼品、接待记录表、黑色铅笔。

2. 活动组织

（1）大家分成8组，每组6人（根据班级人数进行调整）。2人作为客服人员，2人作客户，2人作为客服主管（评价员）。

（2）每组按照各自不同的情境模拟题进行实训，角色轮换操作。

（3）完成一轮训练之后，大家及时点评纠错，再进行第二轮情境训练。

（4）巩固迎接客户的步骤和标准，并举一反三。

3．注意事项

（1）欢送时注意安全。

（2）填写“接待记录表”时注意字迹工整。

4．活动实施

活动实施见表 2－2－9。

表 2－2－9　活动实施

序号	步骤	操作及说明	标准
1	赠送礼品	（1）主动赠送客户礼物。 （2）规范用语：“××先生/女士，这是我们公司精心为您挑选的纪念品，希望您喜欢。”	（1）面带微笑，主动有礼，用双手递向客户。 （2）使用规范用语时配合体态手势。
2	欢送离开	（1）询问客户离开的方式，规范用语：“××先生/女士，需要我为您准备车辆吗?” （2）微笑欢送至门口，目送客户离开，规范用语：“欢迎您再次来我们公司参观考察，有什么疑问可以随时联系我，再见!” （3）客户远离后才能转身离开。	（1）主动询问离开方式，并为需要的客户准备交通工具。 （2）注意使用规范用语和仪态。 （3）在客户未走远时切忌匆忙离开，或者发表本次接待的想法。
3	填写“接待记录表”	（1）填写“接待记录表”。 （2）将“接待申请单”和“接待记录表”整理归档，便于后续跟踪和回访	（1）填写记录表时使用黑色签字笔或者黑色钢笔，注意字迹工整，如实填写。 （2）将本次接待所填写的表格整理汇总，如有需要，做好交接工作

活动评价

活动评价见表 2－2－10。

表 2－2－10　评价表

评价标准	评价（是/否）			
	情境一	情境二	情境三	情境四
能根据客户特征选择合适的礼物				
能态度自然亲切、礼貌地赠送礼品				

续上表

评价标准	评价（是/否）			
	情境一	情境二	情境三	情境四
能使用规范用语送别客户				
能及时主动询问客户联系方式				
能立即准备车辆				
能主动为客户开车门，并协助客户上车				
能及时后补“车辆使用单”				
能为客户事先准备礼物				
能使用规范用语劝说客户接受礼物				
能适可而止，事后了解不接受的原因				
能热情地欢送客户离开				
能及时准确地填写“接待记录表”				

知识链接

国际赠送礼物规则

我国素有“文明之邦”的美誉，随着全球经济的快速发展，国与国之间的联系更为密切。在国际商务交往中，礼尚往来是建立人际关系、拓展业务范围不可缺少的一部分。因此，懂得各国的送礼习惯，掌握好送礼的规则十分重要。以下列举部分国家赠送礼品的注意事项。

美国：美国人注重礼品的实用性和风格性。具有独特风格或民族特色的小礼品更受美国人青睐。此外，包装礼品时不要用黑色的包装纸，因为黑色在美国人眼里是不吉利的颜色。

英国：如果赠送礼品的价格很高，英国人会误认为是一种贿赂。因此，高级巧克力、一瓶名酒或一束鲜花，都能获得对方的喜欢。但要注意，最好不要送印有公司标记的礼品。

日本：日本人忌讳数字 4 和 9，因此赠送给日本人的礼物中不宜含有“4”和“9”这两个数字。同时，他们认为狐狸是贪婪的象征，獾则代表狡诈，因此礼品中也不宜含有这两种动物。

2－2－4　视频
“一带一路峰会会议服务”

强化训练

请仿照某企业客户来访接待流程图，以小组为单位根据本任务学习内容制作一个接待流程图。

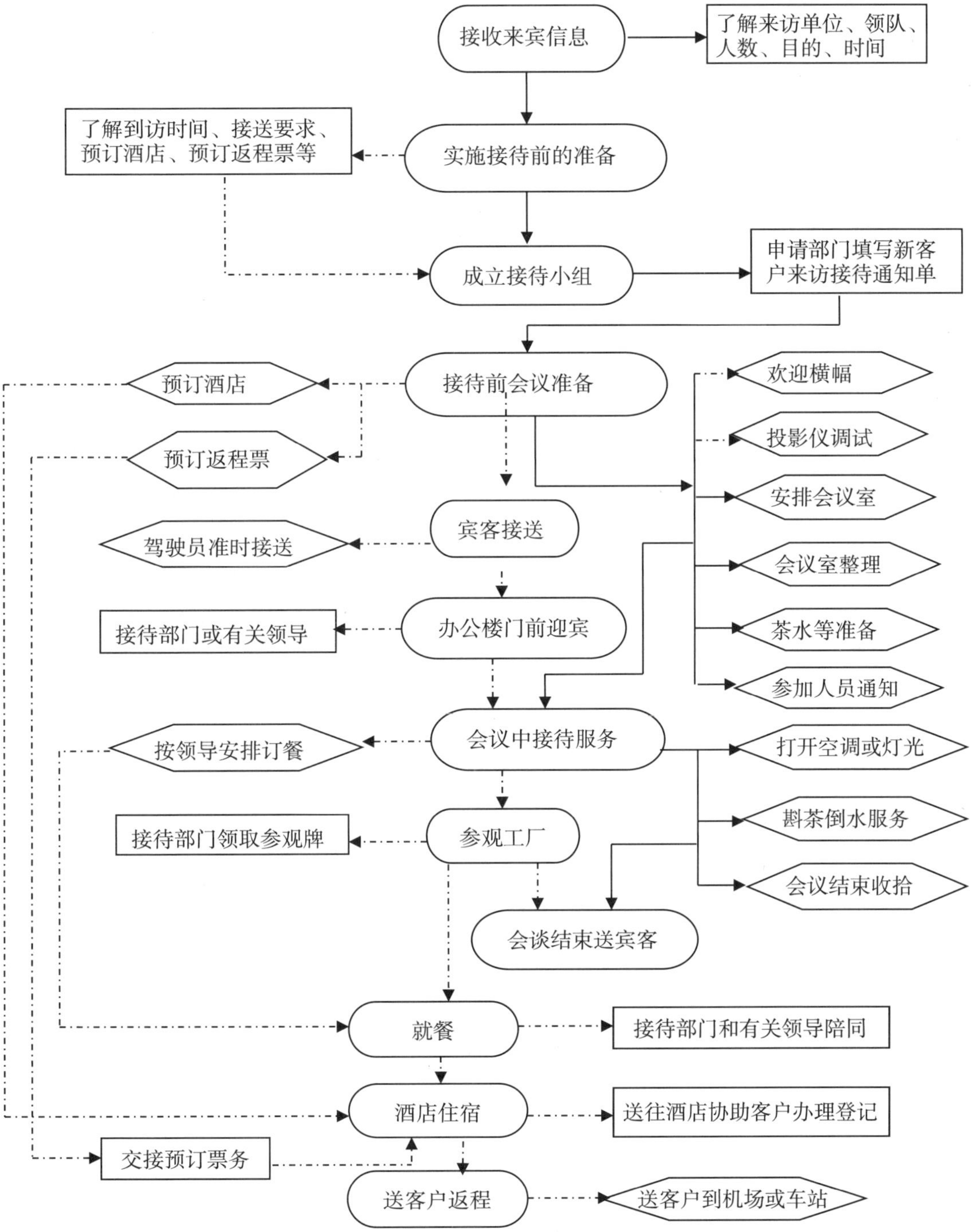

图 2－2－7　某企业客户来访接待流程图

注：①▭为接待部门执行，⬡为接待小组执行。

②-·-·-·-▸为需要才执行的流程，———▸为必须执行的流程。

3

客户咨询

工作任务 3-1 咨询准备

职业能力 能做好咨询准备并进行首语问好

学习目标

1. 能够准备好咨询的相关资料及工具。
2. 能够做好咨询项目知识学习。
3. 能够按照业务规则正确进行首语问好。

核心概念

客户咨询：一般是指企业人员利用已知的信息、经验、技术和知识等，来解决客户所提出的各种问题的一项智力服务活动。

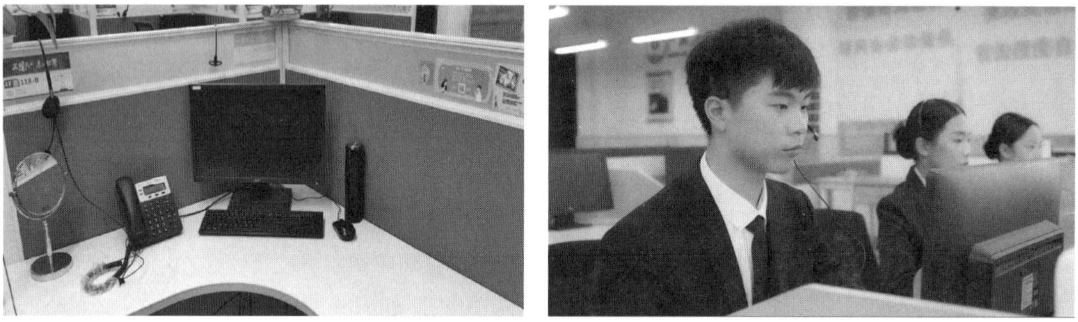

(a)　　(b)

图 3-1-1

基础知识

1. 常用资料的准备

常用资料包括:《企业产品手册》(或产品常见问题解答)、“客户咨询登记表”等。

2. 常用工具的准备

整理办公台及座椅（禁止放置杂物、食品，保持台席上的整洁，座椅摆放整齐）；工作计算机、耳机（根据需要）及相应办公系统；笔（可以根据需要准备彩色笔，如黑、蓝、红）、铅笔；笔记本/白纸；便笺纸；计算器等辅助工具。

3. 咨询项目知识学习

（1）特征化记忆：对每类知识进行归纳总结，找到共同特征，降低记忆的难度，强化记忆的深度。

（2）信息分类法：可对业务知识信息进行分类，画知识框架图，简化业务知识的信息密度。

（3）口诀记忆法：通过谐音或简称的方式，用简单易记的口诀将每类知识串联起来，口诀记忆方便，记忆时间长。

（4）归类对比法：将新的业务知识纳入旧的知识分类中，与旧知识产生连接；对变更业务知识用对比的技巧，只聚焦于改变的部分，对比前后的变化，防止内容过多产生混淆。

4. 咨询流程及技巧

（1）欢迎客户。

首语问好，自报家门“您好，这是××客服中心。”

如电话咨询，铃声响两声后，必须接听电话；超过五声应致歉。

3－1－1 **微课**

“咨询流程及技巧”

（2）倾听需求与提问。

倾听客户问题，询问并做出解答，记录客户姓名、联系方式及问题，业务熟练，应变能力强。

电话咨询要求语音语调饱满热情，语速音量适中；网络咨询要求打字速度快，及时回应客户，无错别字。

（3）重述与解答问题。

重复一遍重要内容，以检查记录是否有错，如电话号码、姓名、咨询事项等，解答客户问题；识别客户，可以主动推介产品。

（4）结束咨询，告别客户。

①尾语礼貌道别，如电话咨询，确认对方先挂掉电话后再挂断电话。“感谢您对××的支持，祝工作愉快，再见！”

②登记客户咨询记录，以便回访。

学习情境

◆ 情境一 ◆

如果你是电话客服人员，在交接班时应如何完成咨询准备？（角色扮演）

（1）提前10分钟到岗，做好班前准备工作，可提前准备好常用资料及纸、笔等办公用品。

（2）签入之前应先擦拭本台席的计算机屏幕，下班后签出座席并将耳机（如配备）统一放置。

（3）交班时注意将相关物品收拾干净，应尽快撤离台席，避免滞留在台席上，保持秩序井然。

（4）调整情绪，将电话铃声作为开始信号，只要铃声一响，微笑就开始。

（5）首语问好：“您好，工号×××，为您服务”，或者“您好，这里是×××公司，请问有什么需要帮忙的”。

◆ 情境二 ◆

如果你是前台客服人员，如何完成咨询准备？（角色扮演）

（1）保持前台办公用品及办公设备的整洁，整理桌椅、保持接待区的整洁。

（2）产品宣传册等资料的准备和摆放。

（3）饮品原料及工具等的准备。

（4）个人着装整齐，仪容整洁。

（5）调整情绪，精神饱满准备迎接客户，客户进门就是开始信号。

（6）亲切目视迎接客户，引导客户就座，首语问好：“您好，欢迎光临×××公司，请问有什么需要帮忙的”，或者“您好，请坐，请问有什么可以帮到您”。

◆ 情境三 ◆

如果你是网络客服人员，如何完成咨询准备？（角色扮演）

（1）打开在线客服系统或者其他即时通信工具，如QQ、旺旺、微信等。

（2）能编辑好在线客服系统或者其他工具的常用语（2条以上）。

3-1-2 微课
“前台客服受理咨询准备”

（3）调整情绪，精神饱满地准备迎接客户，在线客户服务界面出现信息即为开始信号。

（4）迅速回复常用首语问好，“您好，工号×××，为您服务”或者，“您好，这里是×××公司，请问有什么需要帮忙的”。

活动设计

1. 活动条件

《企业产品手册》（或产品常见问题解答）、“客户咨询登记表”“客户问题记录表”及常用办公工具。

2. 活动组织

（1）大家分成8组，每组6人（根据班级人数进行调整）。4人作为客服人员，2人作为客服主管（评价员）。

（2）每组按照各自不同的三种情境模拟题进行咨询准备实训，角色轮换操作。

（3）完成一轮训练后，大家及时点评纠错，再进行第二轮情境训练。

（4）巩固准备步骤和标准，并且举一反三，进行第三轮情境训练。

3. 注意事项

在集中办公环境内不能大声喧哗，避免影响其他在岗客服人员的正常工作。

4. 活动实施

活动实施见表3－1－1。

表3－1－1　活动实施

序号	步骤	操作及说明	服务标准
1	整理客服工作台	打开计算机，佩戴耳机（根据工作需要），进入相应办公系统。	工作台上禁止放置杂物、食品、水杯，保持台席上的整洁。 设备处于正常工作状态。 座椅：临时离开或下班离开座席必须将椅子摆放整齐，工作时注意坐姿，严禁东倒西歪。
2	放置常用资料和工具	将常用资料放置台面；将准备好的彩色笔（如黑色、蓝色、红色）、铅笔、笔记本/白纸、便笺纸、计算器等辅助工具摆放在台面。	排列正规，资料齐全，一切有序。 所有物品都需摆放整洁；注意将相关物品收拾干净。
3	迎接客户，首语问好	调整心态及个人状态，进入咨询工作准备。 按照业务规则正确、清晰地自报家门，回应客户。 电话或网络咨询：“您好，工号×××，为您服务”或者“您好，这里是×××公司，请问有什么需要帮忙的”。 现场咨询：“您好，欢迎光临×××公司，请问有什么需要帮忙的”或者“您好，请坐，请问有什么可以帮到您”	迅速礼貌回应。 根据具体场合选择合适的首语问好。 声音：咬字清晰、音量恰当、语调柔和、音色甜美

活动评价

活动评价见表3－1－2。

表3－1－2　评价表

评价标准	评价（是/否）		
	情境一	情境二	情境三
能将准备好的常用资料放置台面			
能做到办公用品及办公设备的整洁			
能将准备好的彩色笔（如黑色、蓝色、红色）、铅笔、笔记本/白纸、便笺纸等辅助工具、镜子等摆放在台面			
能在交班时将相关物品收拾干净，尽快撤离台席			

续上表

评价标准	评价（是/否）		
	情境一	情境二	情境三
能调整情绪，将电话铃声作为开始信号，只要铃声一响，微笑就开始			
迅速礼貌地进行首语问好“您好，工号×××，为您服务”			
能将准备的产品宣传册等资料整齐摆放			
能做好饮品原料及工具等准备			
能做到个人着装整齐，仪容整洁			
能调整情绪，精神饱满地准备迎接客户			
亲切目视迎接客户，引导客户就座，首语问好“您好，欢迎光临×××公司，请问有什么需要帮忙的”			
能打开在线客服系统或者其他即时通信工具，如QQ、旺旺、微信等			
能编辑好在线客服系统或者其他工具的常用语（2条以上）			
能调整情绪，精神饱满地准备迎接客户			

知识链接

1. 客服工号

工号：职员在公司工作时，公司根据编排规则为入职员工编取的一个编号。一般用数字表示。

工号的主要作用：公司可以利用计算机管理，对员工统一编号，就像身份证号一样，以便计算机识别和将来导入管理系统。

2. 网络客户服务

网络客户服务包括智能服务和人工服务两种形式。

智能服务是客户通过网站上的说明信息自找相应的解答，或者加入网络社区获取需要的信息；人工服务则需要根据客户提出的问题，通过人工回复的方式给予回答。

强化训练

1. 常用咨询首语有哪些？

常用首语问好

2. 请选择日常熟悉的产品，撰写介绍话术，并以音频方式提交。

要求：（1）介绍内容包括产品的基本属性产品使用方法、产品卖点等内容。

（2）熟读产品介绍话术，录制音频。

工作任务　3－2　受理咨询

职业能力　3－2－1　能耐心礼貌地倾听客户问题并及时记录

学习目标

1. 能耐心、礼貌地倾听客户的诉说。
2. 能梳理关键问题并及时进行记录。

核心概念

倾听：最有效的沟通技巧，不仅是耳朵听到相应的声音的过程，而且是一种情感活动，需要通过面部表情、肢体语言和话语的回应，向对方传递一种信息——我很想听您说话，我尊重和关心您。

（a）

（b）

图 3－2－1

基础知识

1. 倾听的要求

倾听是一种情感活动，不仅是耳朵能听到对方的声音，还需要通过面部表情、肢体语言及言谈来回应对方，给予对方充分的尊重、情感的关注和积极的回应。

倾听不但要听清楚对方在讲什么，还要给予对方好的回应。对客户服务人员来说，需要听出客户诉说的两个方面内容：

（1）听事实。倾听事实需要听清楚对方说什么，注意分析哪些内容是主要的，哪些内容是次要的，分辨真伪。这要求客服人员必须有良好的听力和迅速判断力。

（2）听情感。与听事实相比，听情感更为重要，听情感就是听出客户的情绪，理解客户的感受，要关怀，接受对方，听出客户的真实需求，并及时给予回应。

2. 倾听的五个层次

倾听是有层次的，一般可以分为五个层次：

同理心倾听

专注地倾听

选择性倾听

假装倾听

听而不闻

3－2－1 微课
“倾听的技巧”

3. 倾听的技巧

作为客服人员，想要提升倾听能力，需要掌握五方面的技巧。

（1）永远不要打断客户谈话。

无意识地打断客户谈话是可以理解的，但应该尽量避免；有意识地打断谈话是非常不礼貌的，应该杜绝。当有意识地打断对方说话，不允许别人把观点说完时，会导致两个人的谈话变成争论。客服人员应该花 80% 的时间去听，给客户 80% 的时间去讲。

（2）清楚地听出对方谈话重点。

集中精力，专心倾听，能清楚地捕抓到对方谈话内容的重点信息，包括显性需求和隐性需求。除了排除外界的干扰，专心致志地倾听之外，还要排除因对方的说话方式所带来的干扰，不要只把注意力放在对方咬舌、口吃、地方口音、语法错误或习惯用语上面。

（3）适时地表达自己的意见。

谈话必须有交流，在不打断对方谈话的前提下，应适时地表达自己的意见，伴以“嗯”“是的”“辛苦您”等肯定客户谈话内容的话语，让对方感受到自己始终在认真地听，感到被尊重。

（4）配合表情和恰当的肢体语言。

现场咨询时，配合恰当的表情，用嘴、手、眼、心灵等各个器官说话，才能达到更好的交流。如积极的目光交流，身体前倾，适时地点头。切不可过度卖弄，过于丰富的面部表情、手舞足蹈、拍大腿、拍桌子等，只会给对方留下不好的印象。

（5）避免虚假反应。

在对方没有表达完自己的意见和观点之前，不要做出“好，我知道了”“我明白了”“我清楚了”等反应。在客户看来，这种反应等于在说“行了，别再啰唆了”。如果恰好在对方要表达关键内容前打断，被惹恼的客户可能会大声反驳“你知道什么?”最终就会造成双方的不愉快。

4. 把握客户的关键问题并记录

把握客户的关键问题，就是通过有效倾听，清楚客户的需求，帮助客户厘清思路，归纳客户的问题。

（1）消除干扰：干扰的因素包括周围影响（周围客服人员的影响）、情感过滤（自己的情感过滤客户的声音）、精力分散（精神不集中）、迫不及待（问题相似，迫不及待认为已经听懂或是自我认定）。

（2）听关键词：在谈话中加入对方所说过的关键内容，如营销类客服人员，在受理咨询时有关产品或服务的类型、功能、价格、增值服务等信息。

（3）关注重点：要抓住主要内容，不要被个别枝节吸引。分清主次，抓住事实背后的主要内容，避免造成误解。

适时记录是咨询工作的一项技巧，作为一线的客服人员每天要接触许多客户，每位客户的要求都不尽相同，所以应适时记录归纳，写下问题的关键词，不要在客户讲完这个问题时就忘了前面几个问题。同时可以核对你听到的内容与客户的要求是否存在差异。

5. 网络客服人员倾听技巧

（1）反应及时。

客户等待时间不超过20秒。打字速度快，至少达到50字/分，且不能有错别字。

（2）热情亲切。

用语规范、礼貌，借助表情图案（如笑脸、花朵、拥抱），让对方感受到自己始终在认真地听，感到被尊重。

（3）了解需求。

清楚客户的需求，把握客户的关键问题，适时地表达自己的意见。

学习情境

◆ 情境一 ◆

如果你是电话客服人员，如何倾听与记录客户的问题？

（1）耐心倾听客户的问题，不随意打断客户的叙述。

（2）适时地表达自己的意见。

（3）对关键信息进行记录，如客户询问的业务、优惠服务等信息。

例如："你好，我想问一下除我这个套餐外，还有什么扣费项目，我发现上个月费用有点高，比平时有点多啊，帮忙看一下。"

◆ 情境二 ◆

如果你是某旅行社前台客服人员，如何倾听与记录客户的问题？

（1）面向客户，身体前倾，耐心倾听客户的问题，不随意打断客户的叙述。

（2）适时地表达自己的意见。

（3）对关键信息进行记录，如客户询问的线路、时间等信息。

例如："我准备6月去非洲坦桑尼亚、埃塞俄比亚和肯尼亚，但是对埃塞俄比亚不熟悉，听说去看硫黄湖或者当地报小众团需要收到埃塞俄比亚的邀请，收费是多少？具体怎么操作，想问一下。"

活动设计

1. 活动条件

《企业产品手册》（或产品常见问题解答）、"客户咨询登记表"及常用办公工具。

2. 活动组织

（1）大家分成8组，每组6人（根据班级人数进行调整）。2人作为客服人员，2人作为客户，2人作为客服主管（评价员）。

（2）每组按照各自不同的两种情境模拟题进行咨询准备实训，角色轮换操作。

（3）完成一轮训练后，大家及时点评纠错，再进行第二轮情境训练。

（4）巩固准备步骤和标准，并且举一反三，进行第三轮情境训练。

3－2－2 微课“倾听的标准”

3. 注意事项

在集中办公环境内不能大声喧哗，避免影响其他在岗客服人员的正常工作。

4. 活动实施

活动实施见表3－2－1。

表3－2－1 活动实施

序号	步骤	操作及说明	服务标准
1	倾听客户的需求	耐心聆听客户描述的问题或者情况。	集中精力，专心倾听，听清、听完、听懂客户的问题。
2	适时地表达自己的意见	在不打断对方谈话的前提下，如一句讲完结束时，适时地表达自己的意见，伴以“嗯”“是的”“辛苦您”等。	（1）过程有交流，在不打断对方谈话的前提下，适时地表达自己的意见。 （2）让对方感受到自己始终在认真地听，感到被尊重。
3	对关键信息进行记录	通过有效倾听，清楚客户的需求，帮助客户厘清思路，归纳客户的问题，做好记录	（1）至少1个关键词描述问题。 （2）记录条理清晰

活动评价

活动评价见表3－2－2。

表3－2－2 评价表

评价标准	评价（是/否）	
	情境一	情境二
能面向客户，身体前倾，微笑与客户目光交流		
能集中精力专心倾听，听清、听完、听懂客户的问题		
能在过程中有交流，在不打断对方谈话的前提下，适时地表达自己的意见		

续上表

评价标准	评价（是/否）	
	情境一	情境二
能让对方感受到自己始终在认真地倾听，感到被尊重		
能用至少 1 个关键词描述问题		
能够条理清晰地记录客户问题		

知识链接

1. 客户咨询登记表

客户咨询登记表的基本内容包括客户基本信息、咨询内容、解决问题、跟进反馈等，企业可以根据服务内容和性质，设计表格内容和形式，如表 3－2－3 所示。

表 3－2－3　客户咨询登记表

客户姓名		联系电话	□客户保密
客户地址		沟通方式	□面谈　□电话　□信函　□其他
沟通时间		沟通类型	□建议　□咨询　□质疑
详细内容			
沟通目的			
需要解决问题			
客户满意度			
记录人		日期	

2. 倾听测试

评价标准：几乎都是——5　常常——4　偶尔——3　很少——2　几乎从不——1

测试题：

- 态度

（1）你喜欢听别人说话吗？

（2）你会鼓励别人说话吗？

（3）与你不喜欢的人说话时，你也注意听吗？

（4）无论说话人是男是女，年长年幼，你都注意听吗？

（5）与朋友、熟人、陌生人说话时，你都注意听吗？

●行为

（1）你是否会心不在焉地听人说话？

（2）你是否注视听话者？

（3）你是否忽略了足以使你分心的事物？

（4）你是否微笑、点头以及使用不同的方法鼓励他（她）人说话？

（5）你是否深入考虑说话者所说的话？

（6）你是否试着指出说话者所说的意思？

（7）你是否试着指出他（她）为何说那些话？

（8）你是否让说话者说完他（她）的话？

（9）当说话者在犹豫时，你是否鼓励他（她）继续说下去？

（10）你是否重述他（她）的话，弄清楚后再发问？

（11）在说话者讲完之前，你是否避免批评他（她）？

（12）无论说话者的态度与用词如何，你都注意听吗？

（13）若你预先知道说话者要说什么，你也注意听吗？

（14）你是否询问说话者有关他（她）所用字词的意思？

（19）为了请他（她）更完整地解释他（她）的意见，你是否询问？

将所得分加起来。

90～100，你是一个优秀的倾听者；80～89，你是一个很好的倾听者；65～79，你是一个勇于改进、尚算良好的倾听者；50～64，在有效倾听方面，你确实需要再训练；50分以下，你注意倾听了吗？

3－2－3　3－2－4

3－2－5　3－2－6

扫码学习音频“倾听的标准”

强化训练

倾听能力训练

如果你是某旅行社前台客服人员，如何倾听与记录客户的问题？请扫码听音频，完成以下问题，要求：

专心倾听，听清、听完、听懂客户的问题；

倾听关键问题；

倾听客户情感。

1．客户要去哪些地方？

2．客户的问题是什么？

3．客户是否很想去这些地方？（倾听客户的情感）

职业能力 3－2－2 能通过向客户提问了解客户的真正需求

学习目标

1. 能适当向客户提出问题。
2. 能向客户提问开放式问题和封闭式问题。

核心概念

开放式问题： 主要是指不能轻易地只用一个简单的“是”“不是”，或者另外一个简单的词或数字来回答的问题，需要进一步描述的问题。

封闭式问题： 主要是指事先设计好具有唯一性和有限制答案的问题，回答者不需要展开，直接根据实际情况回答的问题。

图 3－2－2

3－2－7 微课
“封闭式问题”

基础知识

1. 提问的目的

提问是沟通的一种重要方法，是指客服人员在一定的情境下，适当地向客户提出问题，以了解客户的真正需求。

（1）通过提问，尽快找到客户想要的答案。

（2）通过提问，帮助客户厘清思路。

（3）通过提问，可以缓和客户的情绪。

2. 提问的规范

（1）语气亲切平和，提问频率不宜过快。

（2）用语专业规范，问话的方式要委婉。

不能把提问变成审问或责问，涉及客户隐私信息的提问，要说明原因。

例如，客服人员：“××先生/小姐您好，因为登记需要，可以告诉我您的全名吗？”/“您好，可以告诉我您的订单号吗，以便于查询？”

（3）提问的时机。

- 对方发言的间歇。
- 对方发言结束之后。
- 自己发言的前后。

3．**提问的方式**

（1）开放式问题的使用。

开放式问题就是让客户自由地把自己的问题描述出来。可以帮助客服人员了解情况和事实，了解客户的需求以及问题出在哪里。

如：“那您今天早晨开机的时候，您的屏幕是什么样子的？”

“您能详细地描述一下吗？”

“您希望怎样处理？”

3－2－8　视频
“北宋哲学家邵康节的提问”

（2）封闭式问题的使用。

封闭式问题带有预设的答案，具有穷尽性和互斥性，回答者的回答不需要展开。封闭式提问一般在明确问题时使用，用来澄清事实，获取重点，缩小讨论范围。

封闭式问题回答的形式主要包括填空式、两项式、选择式等。

①填空式。适用于回答各种答案比较简单的问题。

如：“您的联系方式是？”

②两项式。适用于只有两种答案可以选择的回答方式，答案具有互斥型，如“是/否”。

如：“您的意思是要更换产品，是吗？”

③选择式。适用于互不排斥的答案的定类问题，完全局限性的回答范围，给客户几个答案供其选择，通过选择得知客户意见、建议的所在。

4．**提问的技巧**

在提问中，开放式和封闭式两种问题都有必要，交互使用能迅速判断客户的问题所在。封闭式提问需要客服人员具备丰富的专业知识和经验。

（1）一般性发问。

在服务的开始阶段，通过一般性发问，提出开放式问题，了解客户的个人信息，客服人员应认真倾听，准确掌握客户的需求。

（2）针对性发问。

针对性发问是指在对客户表述的某个具体细节无法根据现有信息做出判断时，向客户提出问题，以获取更具体的信息。可以采用封闭式问题，也可以采用开放式问题。

（3）选择性发问。

选择性发问是指用来确认事实，是一种就一些具体问题向客户确认的发问方式，一般采用封闭式问题，客户面对问题时只需要回答“是”或者“不是”，可迅速判断客户的问题所在。

(4) 征询性发问。

征询性发问主要用来征询客户意见，确认客户是否同意的发问方式。可以是封闭式问题，也可以是开放式问题。

如面对因产品质量问题的投诉时："我帮您换货可以吗?"

服务快结束时也可采用征询式发问，如："谢谢您，还有什么可以帮您的?"

学习情境

◆ 情境一 ◆

如果你是电话客服人员，请根据客户的描述完成提问。(角色扮演)

客户："你好，我想问一下我除这个套餐外，还有什么扣费项目，我发现我上个月的费用有点高，比平时有点多啊，请帮忙看一下!"

(1) 在客户停顿时刻，向客户做一般性发问，提问一个了解性的开放式问题。

"请问能描述下具体问题吗?"

(2) 交互使用两种提问技巧，迅速判断客户的问题所在。

"请问是本机号码吗?"

"请问您上个月开通了什么服务?"

(3) 用封闭式问题，结束提问。

"您要取消此项业务，是吗?"

"谢谢您，还有什么可以帮您的?"

◆ 情境二 ◆

如果你是某旅行社前台客服人员，请根据客户的描述完成提问。(角色扮演)

客户："我准备6月去非洲坦桑尼亚、埃塞俄比亚和肯尼亚，但是对埃塞俄比亚不熟悉，听说去看硫黄湖或者当地报小众团需要收到埃塞俄比亚的邀请，具体怎么操作，费用是多少，想问一下。"

(1) 在客户停顿时刻，向客户提问一个了解性的开放式问题。

"请问您贵姓? /请问您怎么称呼?"

(2) 交互使用两种提问技巧，迅速判断客户的问题所在。

"您的行程想如何安排呢?"

"您想国内签证还是落地签?"

"您想了解的是跟团费，还是签证费?"

(3) 了解客户基本信息。

"方便的话，可以留下您的联系方式和地址。"

(4) 用封闭式问题，结束提问。

"请问您想了解……，是这些吗?"

◆ 情境三 ◆

客户王先生最近感觉车的发动机在待速时，会"当当当"地响，非常烦心。但他自

己不懂车，就把车开到了某汽车4S店。客服人员张明接待了他，问车怎么了。王先生就说发动机有问题，“当当当”地响。张明接着又问，哪儿响？王先生就说不清楚具体是哪儿响，反正就这一块。“是吗，什么时候开始的?”王先生说大概有一星期了。

张明在车上东看看西看看，也找不到问题究竟出在哪里。过了一会儿他把师傅刘伟找过来。

如果你是某汽车4S客服人员刘伟，请根据客户的描述完成提问，（角色扮演）进行针对性和选择性提问，迅速判断客户的问题所在。

“发动机的机油换没换?”“是什么时候换的?”

“您的车最近是不是经常点着，然后不走?”

“请问化油器是什么时候清洗的?”

活动设计

1. 活动条件

《企业产品手册》（或产品常见问题解答）、“客户咨询登记表”及常用办公工具。

2. 活动组织

（1）大家分成8组，每组6人（根据班级人数进行调整）。2人作为客服人员，2人作为客户，2人作为客服主管（评价员）。

（2）每组按照各自不同的三种情境模拟题进行提问实训，角色轮换操作。

（3）完成一轮训练后，大家及时点评纠错，再进行第二轮情境训练。

（4）巩固准备步骤和标准，并且举一反三，进行第三轮情境训练。

3. 注意事项

在集中办公环境内不能大声喧哗，避免影响其他在岗客服人员的正常工作。

4. 活动实施

活动实施见表3-2-4。

表3-2-4　活动实施

序号	步骤	操作及说明	服务标准
1	一般性发问 了解基本信息	在客户停顿时，向客户提问是了解性的开放式问题。	（1）在客户停顿期间提问，不打断客户。 （2）能够使用规范用语。 （3）能够使用开放式问题。
2	针对性提问和 选择性 提问判定需求	交互使用封闭式问题和开放式问题进行提问，迅速判断客户的问题所在。	（1）能够结合业务交互使用两种提问方式。 （2）能够获取客户的真正需求。 （3）业务内容熟练。

续上表

序号	步骤	操作及说明	服务标准
3	征询式发问结束提问	对客户的问题做一个重点的复述提问，结束提问，或者询问是否有其他需要结束提问。 “您的意思是……，是这样的吗？” “您希望……，是这样吗？” “谢谢您，还有什么可以帮您的？”	（1）能把握提问主动权，礼貌结束提问。 （2）能够使用征询式结束提问

活动评价

活动评价见表3－2－5。

表3－2－5　评价表

评价标准	评价（是/否）		
	情境一	情境二	情境三
在客户停顿期间提问，不打断客户			
能够使用规范用语			
能够结合业务交互使用两种提问技巧			
能够清楚客户的真正需求			
业务内容熟练			
能把握提问主动权，礼貌结束提问			

知识链接

1. 开放式问题常用词句

什么问题、怎样、什么样、在哪里、什么时候。

“关于……，您怎么看？”

“关于……，您有什么建议？”

2. 封闭式问题常用词句

是吗、是这样吗、还有其他问题吗、这样可以吗、哪个比较合适呢。

强化训练

如果你是某通信公司电话客服人员，现有客户咨询某项业务，请模拟咨询情景，灵活运用提问技巧撰写提问话术。

要求：（1）能够结合业务交互使用两种提问方式。

（2）能够清楚客户的真正需求。

【业务简介】

由主号一人支付套餐费，成员无须额外付费。群组成员最多达 19 人，组群后可享受群组成员省内互打不额外收费，实现零距离亲情沟通。业务办理成员可以是广东省内 21 个地市号码。

【资费标准】

1. 月功能费

（1）本地成员（含主、副号）5 个以内（含 5 个），只收取主号 5 元 / 月费用。

（2）本地成员（含主、副号）超过 5 个（但不超过 10 个），每增加一个本地成员，主号多收 1 元 / 月。

（3）本地成员超过 10 个人，再增加本地成员，主号合计只需支付 10 元 / 月。

（4）除本地成员外，再增加省内异地移动成员，本地 5 ~ 10 元 / 月 + 异地每位 3 元 / 月。

表 3 – 2 – 6

收费人	成员数（含主号）	包月套餐费	举例
主号	本地成员 5 人以内（含 5 个）	5 元/月	主号 +4 个本地副号 =5 元 / 月
	本地成员超过 5 人，每增加本地成员	5 元/月 + 每位 1 元 / 月	有 5 个本地成员（包括主号），再加 1 个本地副号，即 5 + 1 = 6（元），6 个本地成员主号合计支付 6 元/月
	本地成员超过 10 人，再增加本地成员	10 元 / 月	如果整个群均是本地成员，从第 11 个本地成员起无须收取费用。即 19 个均是本地成员的时候，主号合计只需支付 10 元/月
	除本地成员外，再增加省内异地移动成员	本地 5 ~ 10 元 / 月 + 异地每位 3 元 / 月	有 4 个本地成员（包括主号），再加 1 个佛山副号，即 5 + 3 = 8 元，5 个成员主号合计支付 8 元/月

2. 通信费

群内成员在省内通过长/短号互相通话不收取功能费以外的费用，超出优惠范围则按正常资费收取。

3. 办理方式

客户可以通过营业厅、编辑短信发送 BLJT 到 100 × × 办理或网上营业厅等方式开通和取消业务办理。

工作任务 3-3 复述解答

职业能力 3-3-1 能正确复述客户问题并与客户确认

学习目标

1. 能正确复述客户问题。
2. 能与客户确认问题。

核心概念

复述解答：在真正了解客户需求的基础上，客服人员用自己的语言重复叙述客户需求，请客户予以确认；然后根据客户的需要，针对性地答复客户的问题。

复述：复述是一种客服“说”的技能，要求客服人员在理解需求的基础上，取舍内容，组织语言，简明扼要地把内容准确叙述出来。

图3-3-1

3-3-1 视频
“复述展示”

基础知识

1. 复述的要求

为了保证沟通顺利，需要添加一个验证机制，或者说反馈机制，而复述就是最好的方法，复述的要求主要包括理解需求、忠实原意；取舍内容、组织语言；简明扼要、准确叙述。

复述时要使用规范语言重复顾客所说内容，尤其是关键细节，学会使用不同的词汇。例如客户说：“我打了好几次电话，可一直没有答复。”作为客服人员可以复述为：“您打过电话过来还没有得到答复是吗？”

2. **复述的内容**

复述包括两方面内容：一是复述事实，二是复述情感。

（1）复述事实。

复述事实的目的是彻底分清责任，向客户确认自己所听到的是否正确。对客服人员来讲，复述事实有以下三方面的好处。

①分清责任。

客服人员通过复述，向客户印证所听到的内容，如果客户没有提出异议，那么再有问题，责任就不在客服人员身上。

②有效提醒。

复述事实可以提醒客户是否有遗忘的内容，以及其他需要一起解决的问题，还可以询问客户是否需要补充，如果客户确认没有，就可以进入解决答复阶段。

③体现职业素质。

复述事实体现客服人员的职业素质。不仅能体现客服人员的专业水准，还能让客户感觉到是为其服务，从而在一定意义上满足了客户的情感需求。

（2）复述情感。

复述情感是对客户的观点不断地给予认同，与客户共情，不能对客户抱有偏见，站在客户的角度去感受他的情绪，理解他的遭遇。对于客户的观点给予认同，比如“您说的有道理”“我理解您的心情”“我知道您很着急”“您说的很对”等都属于情感的复述。

3－3－2 微课
“复述技巧展示”

3. **简单复述**

简单复述要在总体把握的基础上，保留主要内容，缩减次要内容，存干去枝。客服人员要在理解记忆、消化吸收的基础上，形成自己的思路和语言，再把它用规范用语简要地复述出来。

学习情境

◆ 情境一 ◆

假如需要留下客户基本信息，作为客服人员应如何进行复述?

客服：“先生/女士：请问您贵姓?”

客户：“……”

客服：“对不起，请您留下您的姓名、联系电话和地址，我们查询后将尽快与您联系，好吗?”

客户：“……”

对于客户的基本信息，客服人员需要进行复述和确认，复述时语速放缓。

“先生/女士您好，与您确认一下基本信息：您的姓名是……，电话是……，地址是……”

◆ 情境二 ◆

如果你是某电信电话客服人员，请根据客户的描述及问题回答，复述客户的问题。

客户："你好，我想问一下我除这个套餐外，还有什么扣费项目，我发现上个月的费用有点高，比平时有点多啊，请帮忙看一下！"

客服人员提问后客户的回答如下：姓陈，本机号码，没有开通其他什么业务，应该是只开通了天翼 E 家套餐等。（角色扮演）

对于直接的常见业务咨询，客服人员可灵活复述，但涉及费用问题，需要语气平和，复述情感，理解客户，如下：

"××先生您好，您是想了解和查询本机号码的套餐项目，您上个月的话费高，出现异常对吗？"／"××先生您好，是本机号码的套餐，您上个月话费扣费异常，对吗？"

"请稍等，帮您查询。"

◆ 情境三 ◆

如果你是某旅行社前台客服，请根据客户李阿姨的描述及问题回答进行简单复述。（角色扮演）

客户："我准备 6 月去非洲坦桑尼亚、埃塞俄比亚和肯尼亚，但是对埃塞俄比亚不熟悉，听说去看硫黄湖或者当地报小众团需要收到埃塞俄比亚的邀请，具体怎么操作，费用是多少，想问一下。"

客服人员提问后客户的回答如下：姓李、跟团、去一个星期左右、国内签证、问跟团费，等等。

如果客户的问题比较复杂和凌乱时，要进行简单复述，取舍内容，组织语言，简明扼要地把客户的需求准确叙述出来。需要按步骤复述，参考如下：

（1）"李阿姨您好，您看是这样吗？"

（2）"您 6 月打算跟团去非洲坦桑尼亚、埃塞俄比亚和肯尼亚，一个星期左右，其中包括去看埃塞俄比亚的硫黄湖，您想了解去看硫黄湖或者当地报小众团是否需要收到埃塞俄比亚的邀请，是否需要支付额外费用及跟团费用情况。"

（3）"您看，我理解的是否正确？"

活动设计

1. 活动条件

《企业产品手册》（或产品常见问题解答）、"客户咨询登记表"、"客户问题记录表"及常用办公工具。

2. 活动组织

（1）大家分成 8 组，每组 6 人（根据班级人数进行调整）。2 人作为客服人员，2 人作为客户，2 人作为客服主管（评价员）。

（2）每组按照各自不同的三种情境模拟题进行复述实训，角色轮换操作。

（3）完成一轮训练后，大家及时点评纠错，再进行第二轮情境训练。

(4) 巩固准备步骤和标准，并且举一反三，进行第三轮情境训练。

3. 注意事项

在集中办公环境内不能大声喧哗，避免影响其他在岗客服人员的正常工作。

4. 活动实施

活动实施见表3-3-1。

表3-3-1 活动实施

序号	步骤	操作及说明	服务标准
1	复述开始	使用求证式语句："您看，我理解的是否正确，……" "您是想了解……"	(1) 能够使用规范用语。 (2) 语气要表现得深有共鸣，以示理解和关心。
2	简单复述	用专业规范用语在理解客户的需求的基础上，取舍内容，组织语言，简明扼要地把客户的需求准确叙述出来。	(1) 内容准确完整。 (2) 描述简明扼要、清晰条理。 (3) 用语标准规范。 (4) 语速放缓、语气平和。 (5) 业务知识熟练。
3	客户确认	询问你的理解是否正确，澄清误会(必要时)。 "您看是这样吗？您还有补充吗？" "您看，我理解的是否正确，您还有补充吗？"	(1) 用语标准规范。 (2) 语气要表现得深有共鸣，以示理解和关心。 (3) 能够得到客户确认

活动评价

活动评价见表3-3-2。

表3-3-2 评价表

评价标准	评价（是/否）		
	情境一	情境二	情境三
内容准确完整			
描述简明扼要、明确清晰			
用语及语音标准规范、语速放缓、语气平和			
能够得到客户确认			
业务知识熟练，体现职业素质			

知识链接

1. 复述数字技能

对于客户所告知的身份证号码、电话号码、账号等数字信息，需要等客户说完后再复述，并获得客户确认。

在需要核对客户提供的数字时，一般以 4 位数停顿一次。如果没有听清楚客户提供的号码，可先报出前面已经记录的数字，在没有记录下来的地方稍做停顿。如：“您的号码是 1380，2011，……对吗？谢谢。”

2. 复述求证式语句

“您看，我理解的是否正确，……”

“您是想了解……”

“您是希望……”

“对不起，您看您所说的是不是……”

强化训练

如果你是某“12345 政府热线”电话客服人员，请根据客户的描述及回答，复述一下客户的问题；你觉得客户的情绪是怎样的？客服人员在复述中应当注意些什么呢？请提交复述的录音文件。

客户：“你好，我想问一下我预约购买的口罩到底什么时候才能到啊？我们小区出现了疑似病例，我家的口罩又用完了，现在到处都买不到口罩，你能赶紧催一下吗？”

客服人员：……

职业能力 3－3－2 能按照业务规则正确答复客户咨询

学习目标

1. 能够理性并分析客户咨询的问题。
2. 按照业务规则正确、清晰地答复客户的咨询。

核心概念

FAQ：常见问题解答（Frequently Asked Questions），是客服人员快速解答客户问题的常用工具。从客户的角度出发，将客户经常问到和遇到的问题采用一问一答的问答对应形式编写而成。一个好的 FAQ 至少可以回答用户 80% 的一般问题及常见问题。

图 3－3－2

基础知识

1. 咨询问题分类

（1）产品信息咨询。客户对产品信息的咨询量最大，一般产品信息的咨询包括产品的价格、产品的类别、产品促销信息、产品质量等。

（2）企业信息咨询。主要是关于企业基本信息的咨询，如企业的名称、地址、规模及文化等。客服人员应在陈述基本真实信息的同时，适当美化企业，为企业做好形象宣传。

3－3－3 微课
“常见问题解答核心概念”

（3）产品服务信息咨询。产品服务信息咨询一般体现在售前服务和售后服务。售后服务居多，如送货上门、产品更换、产品保修。

2. FAQ 的特点及编写要求

（1）FAQ 的特点。

有效性：首先要经常更新问题，回答客户提出的一些热点问题及频率高的常见问题。

方便性：问题要短小精悍，在保证精准的前提下尽可能简短，方便客服人员和客户，提高效率。

（2）FAQ 的编写要求。

提供搜索功能，客服人员通过输入关键字可以直接找到有关问题。

3－3－4 微课
“常见问题解答示例”

问题较多时，可以采用分层目录式的结构组织问题的解答，但目录层次不能太多，最好不要超过四层。

问题顺序排列，将客户经常提问的问题放到前面，对于其他问题可以按照一定规律排列，如按字典顺序排列。

对于一些复杂问题，可以在问题之间设计链接，便于方便地找到相关问题的答案。

3. 咨询答复处理

（1）对于能够直接答复客户的业务咨询，客服人员应借助相关知识和相关资料立即按照业务规则正确、清晰地答复客户。不能随意答复和推搪客户的咨询。

客服人员咨询处理应具备三个能力：

业务能力：业务熟练，熟悉所咨询业务。

判断能力：服务过程清晰，判断客户的咨询问题，并给予正确答复。

主动能力：主动服务意识强，让客户通过此次咨询，真正达到需要咨询的目的。

（2）对于不能直接答复客户的业务咨询，客服人员应告知答复时间，准确判断业务咨询类型，快速填写“业务咨询单”，并按咨询类型和内容下发工单。

“我已为您记录，稍后会有专人回复您。”/“我已为您记录，××时间会有专人回复您。”（语带诚恳，语速适中）

4. 咨询答复注意事项

（1）客服人员答复时应保持亲切、谦和的服务态度，使用礼貌用语。

（2）在不能立即回答，需要查找资料时，应先征求客户意见：“先生/女士，对不起/非常抱歉，请您稍等片刻，我立即帮您查询好吗？”找到准确信息后，应讲“对不起，让您久等了……”

（3）如在查询过程中用时较长（原则在 30 秒以上）或客户在等待过程中有抱怨情绪发生时，客服人员需再次回应一下客户。“正在为您查询，请稍等”/“您的问题还在查询当中，可能需要较长的时间，请问您方便再等一会儿吗？”

（4）向客户答复完毕后，应向客户确认是否明白。若客户不完全明白，应将客户不明白的地方重新解释，直到客户明白为止。“请问您的问题我解释清楚了吗？”

5. 结束咨询

（1）常用咨询结束用语。

应确认客户是否还有其他的需要，得到明确回答后，应使用礼貌结束语结束咨询。

“请问您还有其他问题需要咨询吗？”“谢谢您的来电/光临，再见！”

（2）遇到客户提建议时，应对客户致谢。

应使用“谢谢您提出的宝贵建议，我们会及时向有关部门反映，再次感谢您对我们工作的关心与支持，再见！”

学习情境

◆ 情境一 ◆

假如你是某地区政府热线客服人员，现在有位市民致电询问在补换社保卡时，出现相片分辨率不合格问题。请你依据以下材料回复市民。

附：部分办理社保卡业务过程中的 FAQ。

（一）通过“××人社”微信公众号的“本人上传和查询”模块获取社保卡相片回执号，提示“验证金融社保卡失败，错误信息：失败——社保卡失效，已注销的请重新申领，已补换卡的请完成工本费缴纳后领取新卡再绑卡”。

答复：请通过“代他人上传和查询”模块获取相片回执号。

（二）网上办理业务时提示“提交失败，原因说明：证件类型必须使用2位的新代码”。

答复：该情况暂时无法通过网上办理业务，需到银行网点现场办理补换卡业务。

（三）通过“××人社”App、支付宝 App、××政务网等省网办渠道办理社保卡业务时，提示“已经有‘2 条’社保卡数据，请先进行一人一卡清理”。

答复：省厅网办系统暂不支持网上清理省内其他城市社保卡，您可通过“X 好办”App 或到意向选择的服务银行网点现场办理业务。

（四）网上办理业务时提示“传入标识人员姓名与库中不一致”的。

答复：该情况暂不能通过网上办理业务，请您到意向选择的服务银行网点现场办理申领。

（五）通过“××人社”App、支付宝 App、××政务网等省网办渠道办理社保卡业务时，提示“相片无效或者分辨率不是 358×441”。

答复：您可关注“××人社”微信公众号，通过公众号“社保通”—“社会保障卡”—“社保卡相片上传”模块重新上传新相片进行审核，待审核通过获得相片回执号后，再重新通过网办渠道办理社保卡并单击“更换相片”按钮更换社保卡制卡相片，若您不便通过网办方式处理的可前往银行网点现场办理。

（六）如此前已持有社保卡，提前前往银行办理社保卡账户注销业务，现想更换其他行社保卡发现无法办理的。

答复：您此前已持有社保卡，如需更换金融服务银行，应到意向选择的服务银行现场网点办理更换银行换卡业务。

参考：

（1）能快速查找 FAQ，业务熟练。

（2）能够迅速判定是否属于直接回答范围的问题。

（3）按业务要求规范完成回答。

◆ 情境二 ◆

王先生于 2020 年 4 月 6 日早上致电某公司物流客服中心查询自己货物的情况。请查询系统数据，正确、清晰地答复客户的咨询。（角色扮演）

附模拟系统查询参考数据：

图 3－3－3

客服人员：“请您稍等片刻，我立即帮您查询好吗？”

……（查到信息后）

客服人员：“先生您好，感谢您的等待。您的货物已经到达广州大新的营业网点，正在安排派送，到时快递员会提前和您联系的，请您注意查收。请问您还有其他需要帮助的吗？”

王先生：“不用了，谢谢！”

客服人员：“请您稍后对我的服务进行评价，感谢您的来电，再见！”

◆ 情境三 ◆

如果你是某旅行社前台客服人员，客户李阿姨前来咨询，经过沟通，了解到李阿姨 6 月打算跟团去非洲坦桑尼亚、埃塞俄比亚和肯尼亚，一个星期左右，其中包括去看埃塞俄比亚的硫磺湖，想了解去看硫磺湖或者当地报小众团是否需要收到埃塞俄比亚的邀请，是否需要支付额外费用及跟团费用情况。国内签证不需要收到埃塞俄比亚的邀请，不需要支付额外费用，根据之前的旅游线路手册，最短10日游，费用29 999元，全国限时免费联运，广州直飞，探访马赛村，阿布戴尔丛林徒步，乞力马扎罗，马赛马拉，塞伦盖蒂，硫磺湖、火山和盐湖，经过查询从4月到7月这3个地方都是无团期，有团期时，会第一时间告诉出团计划。请正确、清晰地答复客户的咨询。

参考：

（1）根据客户描述，属于直接回答范围问题，直接告知。

（2）涉及费用提供系统查询或者提供产品手册给客户，并进行解释。

（3）对于不能立即答复的，需要告知答复时间，并感谢客户的咨询。

活动设计

1. 活动条件

《企业产品手册》（或产品常见问题解答）、“客户咨询登记表”及常用办公工具。

2. 活动组织

（1）大家分成8组，每组6人（根据班级人数进行调整）。2人作为客服人员，2人作为客户，2人作为客服主管（评价员）。

（2）每组按照各自不同的三种情境模拟题进行实训，角色轮换操作。

（3）完成一轮训练后，大家及时点评纠错，再进行第二轮情境训练。

（4）巩固准备步骤和标准，并且举一反三，进行第三轮情境训练。

3. 注意事项

在集中办公环境内不能大声喧哗，避免影响其他在岗客服人员的正常工作。

4. 活动实施

活动实施见表3－3－3。

表3－3－3　活动实施

序号	步骤	操作及说明	服务标准
1	分析客户咨询的问题，快速查找FAQ	根据客户描述和提问，快速查找FAQ，确定是否是立即回答问题或是需要查询系统/资料问题	（1）能快速查找FAQ，业务熟练。 （2）迅速判定是否属于直接回答范围的问题。 （3）按业务要求规范完成回答
2	查询系统/资料	（1）先征求客户意见。 “先生/女士，对不起/非常抱歉，请您稍等片刻，我立即帮您查询好吗？” （2）查找资料。 找到准确信息后，应讲“对不起，让您久等了……”	（1）能正确核实客户信息，按业务要求完成信息查询及回答。 （2）能正确使用服务用语。 （3）能保持亲切、谦和的服务态度，使用礼貌用语。

续上表

序号	步骤	操作及说明	服务标准
3	结束咨询	"请问您还有其他问题需要咨询吗？" "谢谢您的来电/光临，再见！"	（1）能够使用规范用语。 （2）能够得到客户确认

活动评价

活动评价见表 3-3-4。

表 3-3-4　评价表

评价标准	评价（是/否）		
	情境一	情境二	情境三
能快速查找 FAQ，业务熟练			
迅速判定是否属于直接回答范围问题			
能正确核实客户信息，按业务要求完成信息查询及回答			
能正确使用服务用语			
能保持亲切、谦和的服务态度，使用礼貌用语			
能够得到客户确认			

知识链接

FAQ 的主要内容及来源

（1）产品手册。

在编写 FAQ 之初，总结和提炼产品手册，针对产品定义、服务内容、资费标准、功能使用、适用范围、办理渠道（购买流程）、付款流程、售后服务等进行整理。

（2）客户咨询记录。

及时整理和总结客户的各种渠道的咨询、建议、投诉等反馈信息，选择有代表性的问题作为 FAQ。

（3）客服质检反馈。

通过客服质检，将一些较为专业或容易导致客户误解的问题，以及客服人员发生的业务性错误及时整理，更新 FAQ。

强化训练

结合以下产品信息，根据客户提问编写产品 FAQ 话术，并结合问题内容将产品 FAQ

话术填写到对应位置。

产品信息：

（1）产品介绍。

品牌：华为（HUAWEI） 商品名称：华为笔记本计算机 MateBook D14/D15

商品编号：61095480979 商品毛重：1.9 kg 商品产地：中国大陆

分辨率：全高清屏（1 920×1 080） 类型：轻薄笔记本 优选服务：两年质保

厚度：15.1～18.0 mm 机身材质：金属材质

屏幕尺寸：14.0～14.9 英寸 系列：华为－MateBookD 裸机重量：1.5～2 kg

内存容量：16 GB 机械硬盘：无机械硬盘 处理器：AMD R7

产品特性：PCI－E 高速固态硬盘，全面屏，大内存（16 GB 及以上）

显卡类型：集成显卡 显卡型号：其他 系统：Windows 10 带 Office

固态硬盘（SSD）：512 GB 颜色：银色

（2）产品卖点。

全新 11 代处理器；护眼全面屏；便捷超级快充。

（3）尊享好礼，下单即送。

雷柏蓝牙鼠标，白条 3 期免息，专用键盘膜，简约鼠标垫，时尚双肩包。

（4）售后服务。

卖家服务 本产品全国联保，享受三包服务，质保期为：全国联保二年。如因质量问题或故障，凭厂商维修中心或特约维修点的质量检测证明，7 天内可退货，15 日内换货，15 日以上在质保期内享受免费保修等三包服务。

客户："你们官方旗舰店是正品吗？"

客服：____

客户："请问该款笔记本有几个颜色？"

客服：____

客户："购买该产品有什么赠品？"

客服：____

客户："笔记本用的是什么处理器？"

客服：____

客户："笔记本屏幕尺寸是多大的？"

客服：____

客户："笔记本采用的是什么操作系统？"

客服：____

客户："这款笔记本的性能怎么样？"

客服：____

客户："请问该款笔记本保修期是多长时间？"

客服：____

4

产 品 推 介

工作任务 4-1 推介准备

职业能力 4-1-1 能利用大数据描绘用户画像

学习目标

1. 能根据大数据分析用户特征，制作常见的用户标签。
2. 能描绘简单的用户画像。

核心概念

用户画像：用户信息标签化，是指在大数据时代，企业通过收集并分析消费者社会属性、生活习惯、消费行为等主要信息的数据之后，抽象提炼成各类标签，利用这些标签将用户形象具体化，从而为用户提供有针对性的服务。

4-1-1 微课
"用户画像的定义"

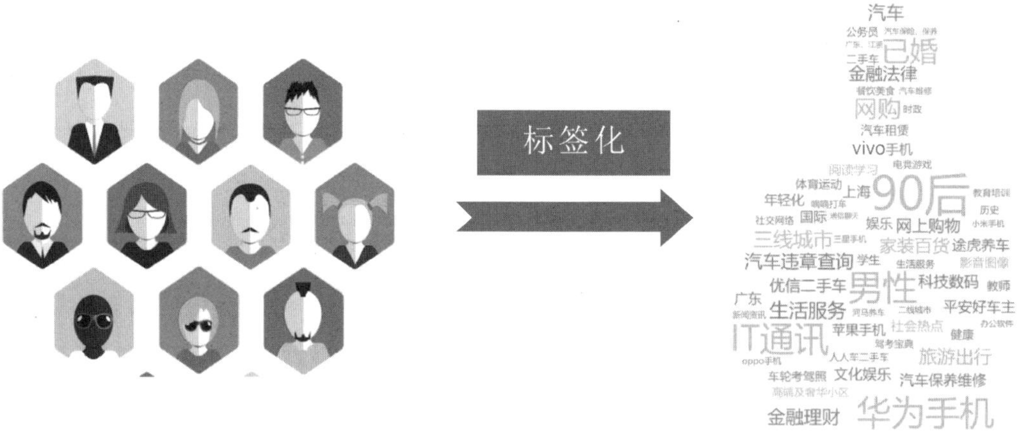

图 4-1-1

基础知识

1. 用户画像的意义

用户画像最初在电商领域得到广泛应用。在大数据时代，企业从互联网上收集到海量的、多维度的用户数据，仅仅依靠传统的统计方法和市场细分难以实现快速准确定位。

在用户画像的帮助下，可以通过对这些数据的分析，得到用户的基本特征、购买行为、社会属性和兴趣爱好等方面的标签模型，结合具体业务场景，聚焦于目标用户群，提供更具有针对性的个性化精准服务。

用户画像不是简单的用户细分，它更关注抽象出来的一个形象。

（1）帮助产品定位。

通过用户画像，可以围绕产品进行人群细分，确定产品的核心人群，真正了解用户是什么样的人，从而有助于确定产品定位，优化产品的功能，为产品的优化迭代提出更好的方向和思路。

4－1－2 **视频**
“VIVO 应用商店用户画像”

（2）实现精准化营销。

针对用户需求越来越个性化的现状，用户画像可以帮助企业进行市场洞察，通过对大数据的深入挖掘与精确分析，更精准地给用户推荐相关内容，提高转化率，有效降低企业成本，有助于避免同质化，进行个性化营销。

2. 常用的用户标签

（1）静态标签。

人口标签：性别、年龄、出生日期、籍贯等。

地理位置：国家、省份、城市、常住地、出差地等。

社会属性：婚姻状况、人生阶段、家庭状况、职业、社会阶层等。

兴趣特征：兴趣爱好、性格、生活方式、生活习惯等。

消费特征：收入特征、购买力水平、购物偏好、品牌偏好、最后购买时间、购买频次等。

（2）动态标签。

基本的访问行为：搜索、浏览、注册、登录等。

社交行为：邀请/添加/取关好友、加入群、新建群等。

信息发布行为：添加、发布、删除、留言、分享、收藏等。

图 4－1－2

3. 好的用户画像

请看下面的用户画像案例。

美甲用户：女，28 岁，深圳人，服装店老板。

案例显示，用户已经有了基本的性别、年龄、居住地和职业等基本特征。然而这些特征只是保留在数据层面的，根本没办法有感性的认知。试想，如果我们要开展上门美甲业务，但是我们并不清楚服装店老板的收入多少、对美甲的要求高不高、审美观念如何、工作场景和日常接触人群有哪些、是否适合做美甲等。所以上述所谓的用户画像充其量只能够帮助我们定位到个人，未必能帮我们解决真正的用户认知问题。

真正好的用户画像应当具有真实感，如这样描述美甲用户：28 岁，女性，单身，有一定的收入，对生活品质有一些要求，平时的工作朝九晚五，周末跟朋友出去逛街，吃东西，偶尔会去酒吧，基本都是在淘宝和京东购物，比较擅长研究各种信用卡和优惠券的使用技巧，一个月会做两次美甲，能够接受上门服务。做出的用户画像如下图：

图 4－1－3

学习情境

◆ 情境一 ◆

请根据某企业收集的“养发护发用户调查”大数据资料进行分析整理，描述“肯元素洗护产品”的用户画像。

背景资料：

肯元素洗护系列产品以专卖特许经营产品路线，突出安全健康元素的特色，讲究产品功效特性，强调“清爽控油、去除毛燥”“沙龙级护理”“在家也能专业护发”，系列产品包括洗发水、护发素、烫发剂、染发剂、沐浴露等，主要供应美发沙龙以及品质生活个人使用。

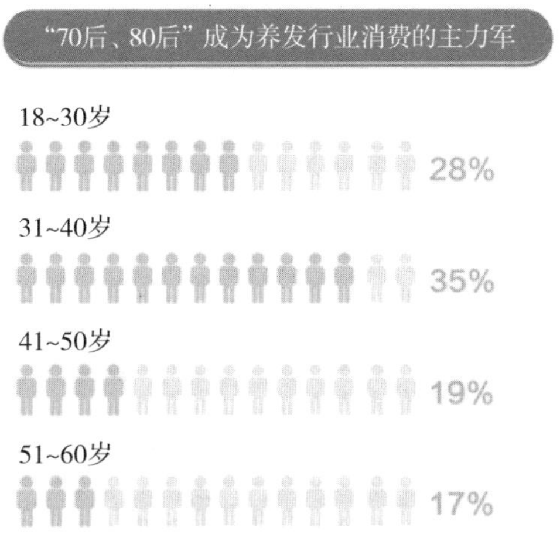

（a）各年龄段会员人数占比

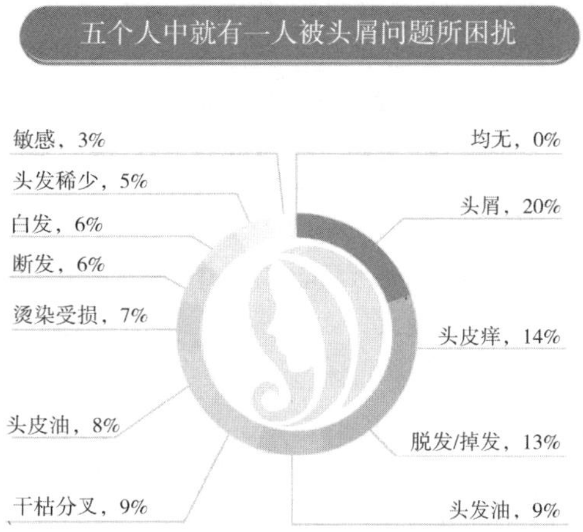

（b）消费者头皮头发问题占比

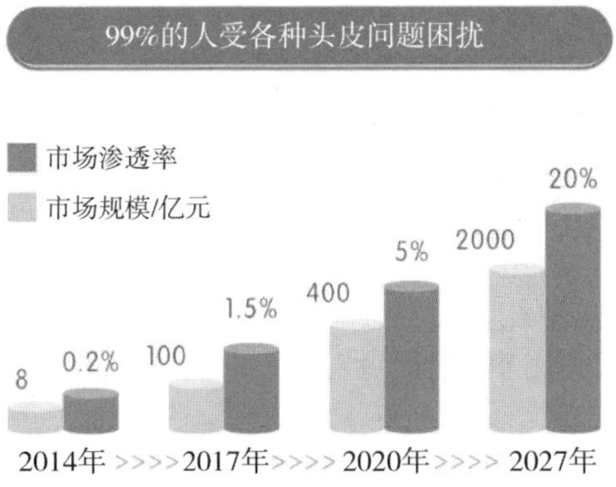

（c）2014—2027 年中国养发产业发展预测

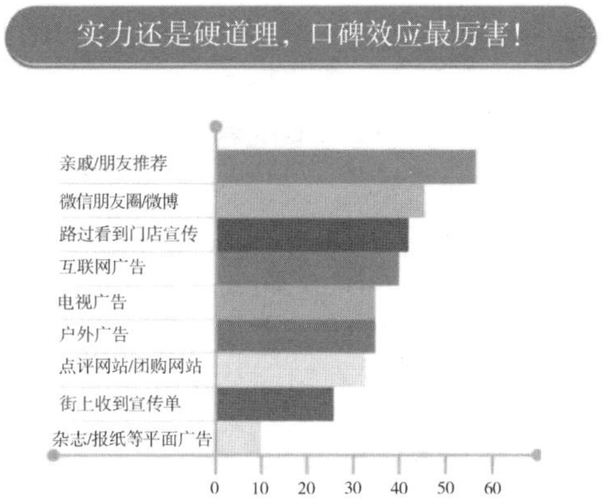

（d）消费者选择养发机构的信息渠道

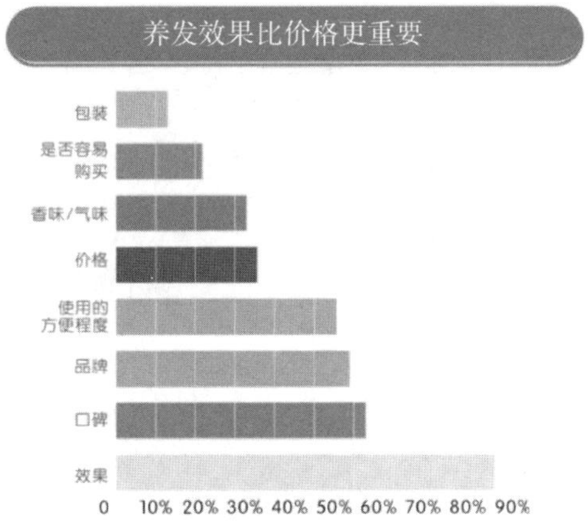

（e）消费者选择养发产品的关键购买因素

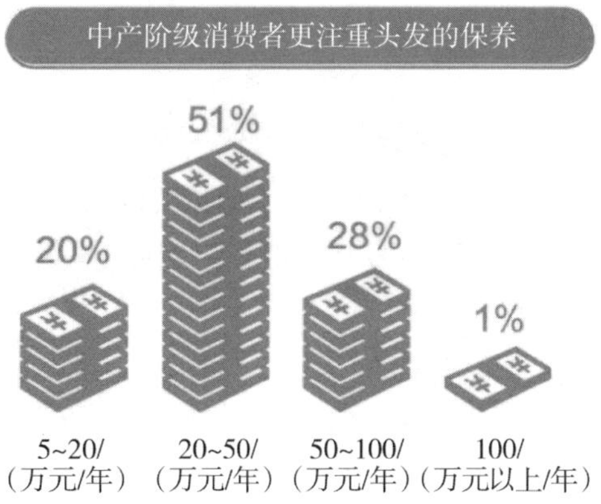

（f）各收入层次会员人数占比

图 4－1－4

（1）认真分析背景资料。

（2）建立常见客户标签，可以根据洗发护发用户的特点总结出年龄、收入、发质特点、购买时看重的因素等标签。

（3）结合洗护行业的特点，描述用户画像（不局限于一种，言之有理即可）。

◆ 情境二 ◆

假如你是“大话兔”项目的客服人员，你如何为其做客户画像？

背景资料：

“大话兔”是一款专注服务于美甲师，集个人品牌展示、在线预约服务、点评和分享学习为一体的小程序。该小程序为美甲师与客户之间提供直接交流的渠道，为打造美甲师个人品牌提供了最简便的互动方式；同时，也是一款很便捷的美甲师预约工具，不仅便于美甲师管理自己的工作，同时还可以通过服务数量、客户点评和互赞互学的方式，提高美甲师的品牌知名度。这对于美甲师的职业发展、客户维护与拓展都非常有帮助。

（1）认真分析背景资料。

（2）多渠道收集相关客户信息。

（3）建立常见客户标签。

（4）结合美甲行业的特点，描述出客户画像。

活动设计

1. 活动条件

多媒体教室、常用办公用具、“养发护发产品用户调查”数据资料。

2. 活动组织

（1）按6人分成若干组。

（2）可使用移动电子设备下发彩色版资料至各组，方便查看数据。如果条件不具备，也可下发纸质版资料。

（3）组内共同讨论总结出用户画像。建议使用头脑风暴法，进行多轮讨论，逐步完善。

3. 注意事项

（1）在采用头脑风暴法的时候，避免吵闹，影响其他小组。

（2）描述客户画像时，要做到“准确”难度较大，需要多次讨论完善才能实现，小组成员一定要耐心磨合。

4. 活动实施

活动实施见表4－1－1。

表 4－1－1　活动实施

序号	步骤	操作及说明	服务标准
1	分析整理数据资料	对前期收集的大数据整理分析，进行初步统计和分类。	能认真研读数据，统计无误后，将数据转化为清晰的见解。
2	建立用户标签	按照常见静态属性和动态属性进行归类整理，小组讨论总结出若干个用户标签。	能认清标签的分类，逻辑清晰，归类合理。
3	整合归类标签	结合行业背景与场景，对小组成员做出的标签进行整合归类，讨论、完善形成具有较显著特征的标签。	分析深入、得当，整理有序。
4	描述用户画像	基于共同标签，加入一些细节描述，形成若干个典型用户特征，总结归纳出用户画像	（1）细节描述尽量多样化，能与企业产品有直接或潜在联系。 （2）用户画像用语简洁、准确

活动评价

活动评价见表 4－1－2。

表 4－1－2　评价表

评价标准	评价（是/否）	
	情境一	情境二
能说出本行业客户的主要消费特征		
能将客户信息快速对应相应标签		
能结合背景资料，搜索客户信息		
能结合背景资料，建立常见的客户标签，清晰、准确		
能结合背景资料，准确描述出客户画像		
能准确归类，工作有条理		
小组分工合作，具有团队精神		

知识链接

1．收集数据

收集数据是用户画像中十分重要的一环。

用户数据可以通过传统的市场调查方法获得部分数据，也可以在网络上，通过软件商提供的数据接口或开放数据库等实现数据的采集、汇聚。

而如何提取有效网络数据，比如打通平台产品信息，收集用户大量的实时数据等，都是企业需要思考的问题。以淘宝平台为例，它收集的用户数据具有多维度：页面浏览量、访问时长、浏览路径、登录方式、浏览内容、评论内容、互动内容、品牌偏好、成交量、成交率等，再借助云计算进行快速统计。

2. 标签的分类与建模

可以建立多级子标签，方便分类管理，有利于维护和拓展。一般而言，可以建立至四级子标签，如表 4－1－3 所示。

表 4－1－3

一级标签	二级标签	三级标签	四级标签（标签实例）	规则定义	标签类型
人口属性	基本信息	性别	性别：男	系统标注	事实标签
			性别：女	系统标注	事实标签
			性别：未知	系统标注	
		年龄	年龄：××岁	系统标注	事实标签
		生日	生日：××	实名认证获得	事实标签
		星座	星座：××	根据生日－星座得到	事实标签

另外，建立标签模型，计算用户相应属性匹配度，对于开展精准营销有较好的引导效果。标签建模的方法来源于阿里巴巴用户画像体系，广泛应用于搜索引擎、推荐引擎、广告投放和智能营销等各种应用领域。

以今日头条 App 的文章推荐机制为例，通过机器分析提取用户的常用关键词，按关键词给文章和受众都打上标签。当用户再次打开今日头条时，后台通过智能算法，自动将内容标签与受众标签相匹配，把相关文章推送给读者，实现浏览内容的精准对应。

图 4－1－5

强化训练

以小组为单位，成立模拟公司，针对自己所在模拟公司的主打产品，收集相关数据，并描绘用户画像。

职业能力　4－1－2　能根据客户特点探询客户需求

学习目标

1. 能熟练运用了解客户需求的方法。
2. 能灵活运用多种方式引导、挖掘客户需求。

核心概念

客户需求：在一定时期内人们的某种需要或者欲望。常用于表达“消费者对于具体某种商品的使用程度（包括是否会购买、购买数量、使用频率、使用时长等）。

图 4－1－6

4－1－3　视频
“给和尚卖梳子”

基础知识

1. 客户需求的五个层次

按照马斯洛需求层次理论，客户不同层次的需求是客观存在的。客户的需求可分为五种，像阶梯一样从低到高，按层次逐级递升。

（1）产品需求。客户的基本需求通常与产品有关，相当于人对于吃、穿、住、用等基本生理需求一样，即客户所希望获得的最基本的产品功能或效用，通常包括产品的功能、性能、质量及产品的价格等。正常来说，客户都希望以较低的价格获得高性能、高质量的产品。

（2）服务需求。随着商业的发展，企业所提供的服务越来越丰富，客户也不再仅仅关注产品本身，而更关注产品的售后服务，包括送货上门、安装维修、退货换货、质量保障等服务类别。企业之间的竞争越来越多地体现在服务水平的竞争上，客户的需求也水涨船高。

（3）体验需求。随着体验式经济的发展，客户不再局限于被动接受企业的销售推广，而是主动要求参与到产品的生产、制造等体验当中，追求感性与情境的诉求，加强与产品的互动，注重情感化、个性化、过程化。

（4）关系需求。客户的基本社会属性决定了客户在购买称心如意的产品、享受舒适的服务、得到愉快的体验的基础上，能同时实现情感上的某种满足感，比如获得企业的信任、尊重，结交朋友，得到朋友的帮助和关怀等。

（5）成功需求。这是客户最高层次的需求。企业要清晰地认识到，客户购买产品或服务并不单单是为了获得其本身。产品所附带的附加价值，对于客户的意义可能更为重大。它所激发出来的优越感、成就感以及在价值观上的契合，能让客户获得一种极大的精神满足感，有效增强客户与企业之间的黏合度，这是其他低层次需求所远远未能达到的。

2．了解客户需求的方法

（1）“望”：观察法。线下接待客户时，可以通过观察顾客的言谈举止、仪容仪表等初步判断客户需求；线上接待客户时，也可以根据客户的语音语调或文字表达、音量速度，以及表情动作等来判断客户需求。

（2）“闻”：倾听法。耐心倾听客户的表达，善于从对方的谈话中找出重点或基本观点，并在合适的时间用恰当的方式做出反馈和提出适当的问题。

（3）“问”：提问法。在与客户刚开始谈话时，可以问一些了解客户身份的问题。如对方的姓名、账号、电话号码、工作单位、职务等，目的是获得解决问题所需要的信息。具体的提问方法可包括开放式问题与封闭式问题。

（4）“切”：假设法。假设法不是无故猜测，而是基于客户的基础信息、肢体语言、回答反应等做出的基础判断，用征询式的提问，如“您看这样处理可以吗?”“您觉得如何?”，引导客户说出解决意愿，进而提出具体的解决方案。

3．SPIN 销售提问法

SPIN 销售提问法是尼尔·雷克汉姆（Neil Rackham）先生创立的，SPIN 由情景性（Situation）、探究性（Problem）、暗示性（Implication）、解决性（Need-Payoff）问题四个英语词组的首位字母合成词。通过问题组合来发掘和引导潜在客户的需求和购买决定，把客户的隐性需求转变为显性需求。

S——Situation Questions　实情探询，询问客户现状的问题

P——Problem Questions　问题诊断，了解客户现在的困难性问题

I——Implication Questions　启发引导，引出暗示或牵连性问题

N——Need－Payoff Questions　需求认同，告诉客户需求—效益问题

学习情境

◆ 情境一 ◆

如果你是一名柜台客服人员，你所接待的是一名 30 岁左右的家庭主妇，正针对扫地机器人进行咨询，请问应当如何引导该客户的表达需求？

提示：

（1）主动与客户打招呼。

（2）多种方式提问，了解客户背景。

（3）观察、倾听客户对扫地机器人的意见。

（4）引导客户确认需求。

◆ 情境二 ◆

假设你是一名网站的电话客服人员，所销售的产品是手机。一天，一个客户打电话想购买华为 P30 手机，可遗憾的是，你们不销售这款产品……但经过一番努力，你成功地让客户购买了其他系列的产品。

请写下 10 句你会问到的问题，以探询客户需求。

提示：

（1）您好！我是 × ×，请问有什么可以帮助您的吗？

（2）首先谢谢您打电话进来，我可以请教您几个问题吗？

（3）您心中有没有一个比较合乎您心意的品牌和型号？

（4）您可否谈谈您的整个想法？

（5）您需要我为您推荐最适合您的呢，还是您已有了中意的型号？

（6）您对性能有何要求？其他方面您还有何要求呢？

活动设计

1．活动条件

多媒体教室、常用办公用具。

2．活动组织

角色扮演：设定不同年龄与身份的客户，2 ~ 3 名同学合作。

（1）运用观察法体会客户肢体语言所表达出来的信息。

（2）运用提问法进行客户需求探寻，轮换封闭式问题、开放式问题进行提问。

（3）每组轮换不同的客户背景，进行角色扮演。

3．注意事项

（1）观察法与提问法可以结合起来灵活运用。

（2）活动可以结合线上、线下多种渠道与场景进行。

4．活动实施

活动实施见表 4 – 1 – 4。

表 4－1－4 活动实施

序号	步骤	操作及说明	服务标准
1	主动与客户打招呼，询问需求	用规范招呼语："您好！请问有什么能帮到您吗？"	面带微笑，主动有礼貌地问好。
2	引导、挖掘客户需求	以观察、提问、倾听客户诉说等方式，引导客户表达需求。	（1）保持身体微微前倾，面对客户，保持目光接触，点头和微笑。 （2）细心聆听，体会对方感受。
3	引导客户确认需求	总结复述客户需求，向客户确认："您的需求是……，对吗？""请问还有其他补充吗？"	多征求客户意见，及时询问、复述，做好记录。
4	引导客户说出解决意愿，提出有针对性的解决方案	针对客户提出的问题，用征询式的提问，如"您看这样处理可以吗？""您觉得……如何？"，引导客户说出解决意愿，进而提出具体的解决方案	（1）真诚、客观，充分尊重客户意见。 （2）解决方案具体、可行

活动评价

活动评价见表 4－1－5。

表 4－1－5 评价表

评价标准	评价（是/否）	
	情境一	情境二
能正确运用礼貌用语招呼客户		
能面带微笑地主动问好		
能正确使用电话礼仪与客户沟通		
能仔细聆听客户的意见		
能使用规范用语准确发问，引导客户表达需求		

知识链接

马斯洛需求层次理论

需求层次理论是由美国心理学家亚伯拉罕·马斯洛于 1943 年在《人类激励理论》一书中所提出的。书中将人类需求像阶梯一样从低到高按层次分为五种，分别是生存需要、安全需要、社交需要、尊重需要和自我实现需要。

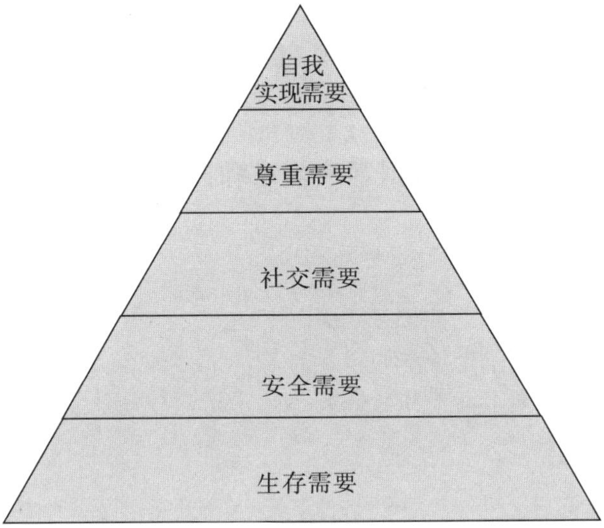

图 4－1－7

强化训练

假设你是一名××App 客服人员，你将怎样探寻 App 常用客户的需求呢？请试着编写一段对话，展示与客户沟通的过程。

提示：可以加入一些线上常用的表情包，丰富对话内容。

工作任务 4－2 推介产品

职业能力 4－2－1 能根据客户需求和产品特点撰写推介话术

学习目标

1. 能熟悉产品业务，挖掘产品优势。
2. 能掌握撰写推介话术的基本思路。
3. 根据客户需求和产品特点灵活使用产品推介法撰写话术。

核心概念

产品推介：有计划、有组织、有目的地向某一潜在目标用户进行推广。产品推介是重要的客户服务业务之一。

推介话术：客服人员运用一定的语言艺术，把商品或服务能带给顾客的利益，有技巧地表达出来的一种语言组织艺术。

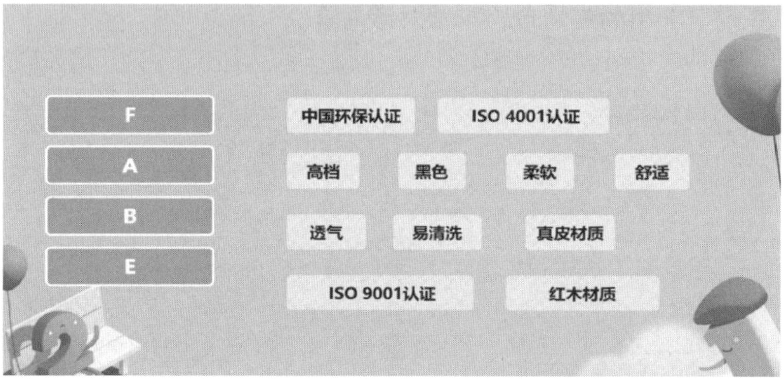

图 4－2－1

4－2－1 微课
“FABE 推介法”

基础知识

1. FABE 推介法

FABE 推介法是目前一种较为常用，且简单实用、条理清晰的产品推介法则。

（1）F 代表特征（Features）：产品的固有属性（结合询问得到的客户需求，推荐对应需求的 3～5 个卖点），例如从产品名称、材质、产地、工艺特点、品牌，甚至造型、风格、规格等，各方面挖掘这个产品的内在属性，找到与其他产品的差异性。

（2）A 代表优点（Advantages）：由产品特性所带来的产品优势，现代商业社会，同类的产品很多，竞争品牌也很多，如果我们不能把产品的特征发掘出来，进而把产品的优势罗列出来，我们就不能更有效地给到顾客购买及使用的信心。

（3）B 代表利益（Benefits）：顾客通过使用产品时所得到的好处。能否准确地把产品的特点和优点转化为对顾客的利益，是 FABE 推介是否成功的一个关键步骤。顾客对产品的需求既有相同之处，也有不相同的地方，因此在把产品的特点、优点转化为对顾客利益的时候，话术也要进行相应的调整。

（4）E 代表证据（Evidence）：用相关权威的数据加以说明（参数、证书等）。权威性越高，对顾客的影响力越大。

2. FABE 叙述词

FABE 叙述词是指把产品的介绍词连成一句有说服力的说辞。

> 因为……（特性）……它可以……（功效）……对你而言……（利益）……。例：因为晨光儿童专用奶粉内含钙、铁、维生素 B_2，它可以使你的小孩吸收更充分的营养，让他长得快又壮。

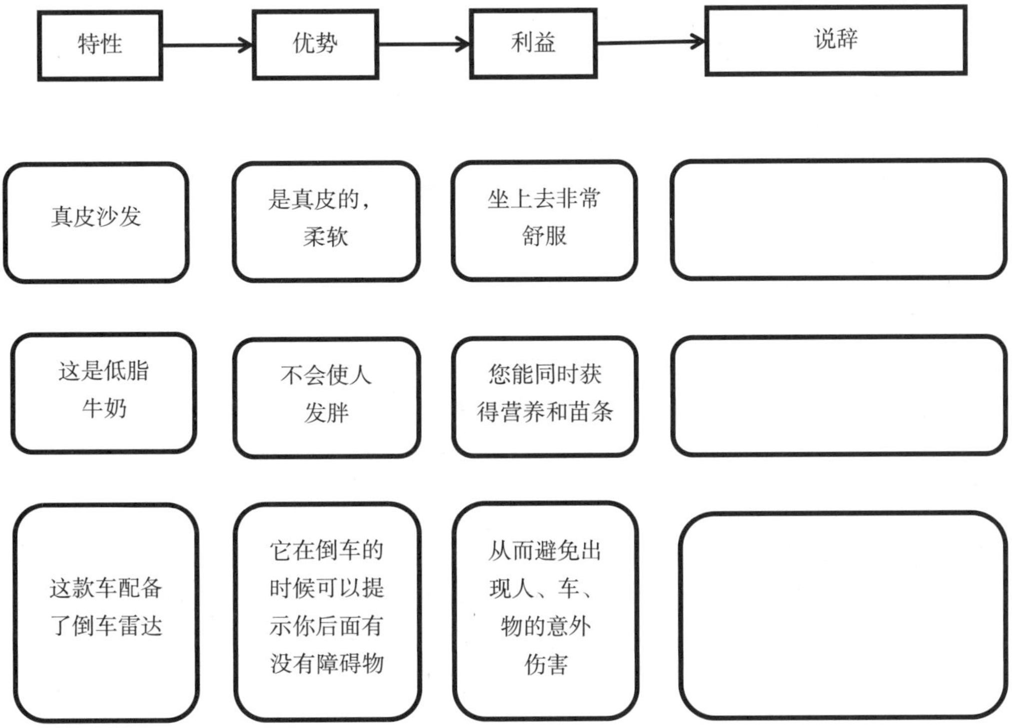

图 4－2－2

3. 运用 FABE 法的技巧

（1）发现客户需求做有效触动。

（2）优点（Advantages）和利益（Benefits）的区别。

（3）FABE 话术顺序不拘限于固定格式，可灵活组合 FABE 语序。

（4）诚信运用 E（证明证据）。

学习情境

◆ 情境背景

公司最近要为某楼盘做产品推介。产品资料：位于某一线城市老城区的一个中型社区楼盘，建筑完成时间为2016年，小区内共有25幢9层高的楼房，房子面积为48～98平方米，加装电梯，绿化率高达55%，配套物业管理，停车位充足，区内及周边配套生活设施完善成熟，有公办幼儿园、小学、中学，银行、超市、医院及各项娱乐活动场所，邻近地铁、公交站点，周边环境旺中带静，是市内繁华地区少有的优质楼盘，二手楼交易活跃。

◆ 情境一 ◆

客户画像：一对28岁左右的年轻夫妇前来咨询。他们新婚不久，双方都是外地人，大学毕业后留在该市工作，有稳定的职业，有一定积蓄，已入户该市。

请针对该顾客设计产品推介话术。

参考：根据客户画像的特征，如年龄、生活方式、职业、资金等进行分析，结合产品的特征、优势，把它转化为顾客最关心的利益，如交通、学位、生活配套设施等方面，着重介绍产品能带给这对夫妇的利益。

◆ 情境二 ◆

客户画像：吴先生最近打算购买一套二手房给自己父母居住。他本身有一套住房就在该小区附近，他的父母70多岁，患有一些老年人常见病，需要定时就医。

请针对该顾客设计产品推介话术。

参考：根据客户画像的特征，如年龄、生活方式、职业、顾客购买房子的用途进行分析，寻找产品能满足顾客需求的地方，着重进行这方面的产品介绍。

活动设计

1. 活动条件

某种产品的资料，可以是产品本身、说明书、图片、视频等；前期已通过向客户提问所获得的客户需求表、本公司产品服务手册、方便小组讨论的桌椅布置。

2. 活动组织

（1）大家分成8组，每组6人（根据班级人数进行调整）。4人作为客服人员，2人作为客服主管（评价员）。

（2）每组轮换不同的情境进行小组讨论，制订最适合的推介产品方案并形成初步话术，选择与话术配套的证明工具。

（3）根据初步话术进行一次模拟推介，作为顾客方要以顾客的心理、身份和角色要求，针对客服人员的话术进行真实的反馈，评价员则做出客观判断。

（4）根据上一次的讨论及演示，修改话术稿，再进行角色轮换操作。

3. 注意事项

（1）小组讨论中要以顾客背景资料为主，按常规来进行推论与判断，不得以故意制造极端、恶意的事件为讨论依据。可适当加入时事、政治、经济事件等因素。

（2）活动中注意使用礼貌用语，注意倾听客户的诉求。

（3）讨论过程中要记录重点，以便在整理资料、提炼话术时使用。

4. 活动实施

活动实施见表4－2－1。

表4－2－1　活动实施

序号	步骤	操作及说明	服务标准
1	分析产品特性 挖掘产品优势	（1）从产品名称、材质、工艺、品牌等方面分析产品的内在属性。 （2）与同类竞争品相比较，深层挖掘产品优势。	（1）产品特点全面、详细、真实。 （2）产品优势具有辨别性和差异性。
2	寻找产品能带给客户的利益	（1）结合客户特点，筛选产品利益。 （2）把产品的优势转化为对顾客的利益。	产品利益贴近客户需求。
3	撰写推介话术	根据客户需求和产品特点撰写推介话术	（1）话术内容全面、结构完成，具体明晰。 （2）话术用词简洁易懂，避免过于专业化

活动评价

活动评价见表4－2－2。

表4－2－2　评价表

评价标准	评价（是/否）		
	情境一	情境二	情境三
熟悉产品，至少能罗列产品的五项特点			
能选取相近的竞争产品进行优劣对比，确定产品优势至少三条			
能确定产品介绍叙述词			
能针对顾客的需求把产品的特点、优点转化为对顾客的利益			
产品利益能贴近顾客需求			
能条理清晰地组织若干推介语句			
能形成完整的产品推介话术			
推介话术简洁明白，具有可操作性			
推介话术没有太多专业用语			

知识链接

1. 其他的产品推介模式

（1）爱达模式。“爱达”是“AIDA”译音，是由英文 Attention（注意）、Interest（兴趣）、Desire（欲望）、Action（交易）的第一个字母组合而成。这种模式是指销售人员先把顾客的注意力吸引或转移到产品上，通过产品本身的特征使顾客产生了解的兴趣，进一步刺激顾客的购买欲望，再通过各种手段促使顾客采取购买行动。

这种模式的重点在于如何利用产品本身的特征引发顾客产生了解的兴趣，例如：对于时装类产品，可以利用展示表演产品的穿着效果来引发顾客的兴趣；对于化妆品等产品，可以让顾客亲身体验其效果；对于科技类产品，可以通过与同类产品的效果对比来引发顾客兴趣。

（2）迪伯达模式。“迪伯达”是“DIPADA”的译音，是英文 Definition（发现）、Identification（结合）、Proof（证实）、Acceptance（接受）、Desire（欲望）、Action（行动）的第一个字母的组合。这个模式的要诀就是：先谈顾客的问题，再谈所推介的产品。要紧紧抓住顾客的需要这个关键性的环节，使推介产品的工作更有的放矢，因而具有较强的针对性。

2. 视频软件在产品推介方面的应用

在现代科技日益进步的时代，人们接收信息的渠道不再是单一、传统的面谈、电话营销等方式，在几乎人手一台智能手机的现代社会，我们更应针对不同的信息沟通渠道开发各种可以“点对点”进行产品推介的方式，使顾客即使在不能直接面谈、体验产品效果时，也能更好地通过文字、图片、图表、视频等方式接收到产品相关信息，提高产品推介的效果。

较具代表性的就是“抖音”。这款软件自 2016 年 9 月上线，是一款面向全年龄的音乐短视频社区平台。成立之初，强调是一款“音乐创意短视频社交软件”，直到 2019 年初星巴克猫爪杯的抖音短视频突然火遍全网，并引起星巴克猫爪杯的抢购热潮……“抖音”让不少商家看到了商机，用户数量暴增，“抖音企业号”也引发不少关注！2020 年，据统计，苏州市相关旅游视频点赞量达到 2 761 万次，播放量突破 10 亿次！

强化训练

因新冠肺炎疫情，客户不能进行面谈推介产品，可以通过微信进行推介。请小组成员共同选定某件商品，设计一篇能在微信进行展示的产品推介软文（100 字左右），要求图文并茂，或运用“抖音”拍摄一段不超过 30 秒的产品介绍视频。

职业能力 4－2－2 能运用销售技巧妥善处理客户异议

学习目标

1. 能判断客户异议的类型。
2. 能正确处理顾客提出的一般性异议。

核心概念

客户异议：在销售活动的过程中，客户对客服人员或产品不赞同，提出质疑或拒绝的行为及话语。

图 4－2－3

4－2－2 微课
“异议是障碍还是信号”

基础知识

1．客户异议产生的原因

处理客户的异议，首先要弄清楚客户异议的成因，再针对原因采用适当的应对方法。一般来说，客户异议产生的原因有以下三个方面。

（1）客户本身的原因：如客户本能的自我保护、对商品不了解、购买力不足、已有固定的采购渠道、对产品或企业有成见、决策权不够等。

（2）产品的原因：如产品质量、价格、品牌、包装、售后服务、不符合顾客需求等。

（3）客服人员的原因：如客服人员自身形象不够专业、销售用语过分夸张、专业术语过多、不能找到客户的真实需求等。

2. 客户异议的类型

表 4-2-3

客户异议的类型	常见语句
需求异议	“这种产品我们用不上!” “我们已经有了!”
财力异议	“产品不错，可惜没钱购买!” “近来资金周转困难，不能进货了!”
决策权异议	“我做不了主!” “负责人不在，我们无权决定!”
价格异议	“太贵了，买不起啊!” “我想买一种便宜点的型号!”
产品异议	“这个颜色不好看。” “这个产品造型太古板了!”
客服人员异议	“我想找客服人员买。” “对不起，请贵公司找另一位负责人过来!”
货源异议	“我用的是××公司的产品。” “我们有固定的进货渠道。”
购买时间异议	“让我再想一想，过几天答复你。” “我们研究一下，有消息再通知你。”

4-2-3 **视频“异议场景（珠宝销售）”**

3. 客户异议处理的 LSCPA 法则

LSCPA 客户异议处理方法，是很好地处理客户异议的电话销售技巧。它分为五个步骤来处理客户异议，即面对异议时，认真倾听后，以客户利益为导向，进行释疑、澄清，有方案建议并形成共识的沟通方法。

LSCPA 异议处理法则是解决客户异议的高效方法，有助于化解分歧、达成共识。

L——Listen（倾听）：倾听客户的担忧，确认真正的反对理由。

S——Share（分担）：站在客户的角度为其分忧解难。

C——Clarify（澄清）：对于客户的担忧加以解释，以确认问题的真正存在。

P——Present（陈述）：针对客户的忧虑，提出合理的建议。

A——Ask（要求）：对于提出的建议，征求客户最终同意。

学习情境

◆ 情境一 ◆

某品牌家具店有一款畅销的真皮沙发，有黑色、白色两种颜色，在官网上非常受欢迎，最近黑色的款式已经脱销了，厂家也决定短时间内不再生产这款沙发。有一天，一名顾客向你询问这款沙发，因黑色已经断货，你向他推荐白色的沙发，但是顾客提出了几点异议：

（1）白色沙发容易脏。

（2）黑色沙发好看，显得档次高一点。

（3）白色沙发在运输的过程中需要特别注意，很容易剐蹭到。

如果你是客服人员，请你处理这些异议。（角色扮演）

在解决顾客异议时，要耐心倾听顾客的异议，并准确界定及澄清顾客的主观性异议和客观性异议。对顾客的主观性异议进行处理时应特别注意态度和语气，避免与顾客的主观意见产生冲突。

◆ 情境二 ◆

你是“肯元素女皇玉肌洗护产品”的网络客服人员，一位顾客在看完你推送的产品推介资料后，发信息过来说：你们的产品太贵了，买不起！

如果你是客服人员，请你处理这个顾客异议。

在解决顾客异议时，除了耐心倾听顾客的异议外，还需要判断顾客异议形成的真实原因，例如：顾客为什么会提出太贵了？是误会了产品的使用方法，还是因为不想购买而随意提出的异议，针对异议背后的真实原因寻找解决方案。

活动设计

1. 活动条件

已完成的推介话术方案，产品服务的资料，产品介绍的视频、海报、宣传册等，可以用作展示这些资料的手机、平板、计算机等工具，空白的表格做记录。

2. 活动组织

（1）每组 3 ~ 5 人，每次讨论中安排 2 人作为记录员。

（2）在 2 名记录员中找一人作为客服人员进行产品推介，然后其他成员使用头脑风暴法不停针对产品及推介过程提出异议。

（3）记录员尽快记录下来，每提出 10 个异议后轮换一次。

（4）共同讨论探索最佳解决方案，并进行模拟。

3. 注意事项

（1）注意手机等工具的安全使用，爱护物品。

（2）每次轮换时，可分别针对不同的顾客异议类型进行提问。

4. **活动实施**

活动实施见表4－2－4。

表4－2－4 活动实施

序号	步骤	操作及说明	服务标准
1	倾听及理解客户异议	（1）向顾客介绍产品并认真倾听客户提出的异议。 （2）针对一些模糊不清的异议，要适当地进行提问。 （3）运用同理心，耐心引导客户说出真实的想法。	（1）能正确理解客户提出的异议。 （2）能正确区分客户异议的类型。 （3）态度温和、耐心细致地引导客户说出真实想法。
2	对客户最关心的问题加以解释	（1）分析并判断哪些异议是客户最关心的问题。 （2）运用适当的方法，针对客户的担忧加以解释，疏导客户的忧虑。	（1）能判断客户最关心的真实问题。 （2）能运用恰当的方法疏导客户的忧虑。
3	针对客户异议，提出解决方法	（1）再次确认客户异议，以免出现理解错误的情况。 （2）针对客户异议，提出解决方案。	解决方案真实可行，贴近客户心理。
4	与客户确认解决方案	（1）提出解决方案并向客户解释方案内容。 （2）客户同意这个方案后，要尽快记录下来并让客户确认	客服人员在处理客户异议时态度要保持温和、耐心、细致

活动评价

活动评价见表4－2－5。

表4－2－5 评价表

评价标准	评价（是/否）		
	情境一	情境二	情境三
能耐心细致地引导客户说出真实想法			
能正确区分客户异议的类型			
能正确判断客户最关心的问题所在			
能运用适当的方法疏导客户的疑虑			
处理客户异议的态度能让客户接受			
能有效与客户确认解决方案			

知识链接

客户异议处理的方法

顾客的异议是多种多样的，处理的方法也各有千秋，必须根据时机和客户特点灵活采取不同的应对方法。常见的处理客户异议的方法有以下几种。

（1）反驳处理法，即根据有关事实和理由直接否定客户异议的方法。适用于客户因误解、偏见、信息不足所引起的无效异议；不适宜用在一些个性较强、敏感的顾客上。

（2）转折处理法，即客服人员不直接反驳客户异议，而是首先对客户异议表示赞同，维护客户的自尊，然后提出有关事实和理由来委婉地否认客户异议。

（3）利用处理法，即利用客户异议来处理客户异议，把客户拒绝购买的理由转化为客户购买的理由。

（4）补偿处理法，即当客户针对产品的缺点提出真实有效的异议时，可以承认客户的异议，然后用产品的优点或其他优惠措施来弥补其缺点，使客户获得心理平衡。

（5）询问处理法通常情况下就是客户提出异议时，可以通过反问的方式让客户回答自己提出的问题。

（6）引用证据法，即当客服人员的回答不足以使客户信服时，可以利用第三方证明来证实客服人员的话。

（7）重复削弱法，即当客服人员面对客户提出的尖锐意见或客户态度不好时，不妨先用委婉的语气把对方的异议重复一遍，以削弱对方的气势。但注意只能减弱而不能改变客户的意见，否则会让对方认为你在故意曲解自己的意见而产生新的不满。

强化训练

你是一名某化妆品公司的电话销售客服人员，当你向顾客推介了一套最新的美白化妆品套装后，顾客表示想尽快使用，希望马上就能发出快递，但因时间太晚，公司规定当天下午 4 点以后的订单要第二天才通知快递员上门取件发货，顾客知道后变得非常不耐烦……请你妥善处理这一顾客异议。

作业提交形式：两人合作，先构思好处理方式，并组织好语句后，可以以微信对话框文字表述，录屏成视频形式提交，也可以用手机电话录音后提交。

职业能力 4-2-3 能执行推介话术并抓住成交时机促成交易

学习目标

1. 能执行推介话术。
2. 能捕捉成交信号，把握成交时机。
3. 能运用成交方法促成交易。

核心概念

成交：客户接受客服人员的建议及其推销劝导，并且购买商品的行为过程。狭义的理解，成交是客户与客服人员之间达成的交易共识，是买卖双方就合作达成一致意见后同意交易的过程和结果。

推介产品要识别交易信号并能应用不同成交方法成功地促成交易。

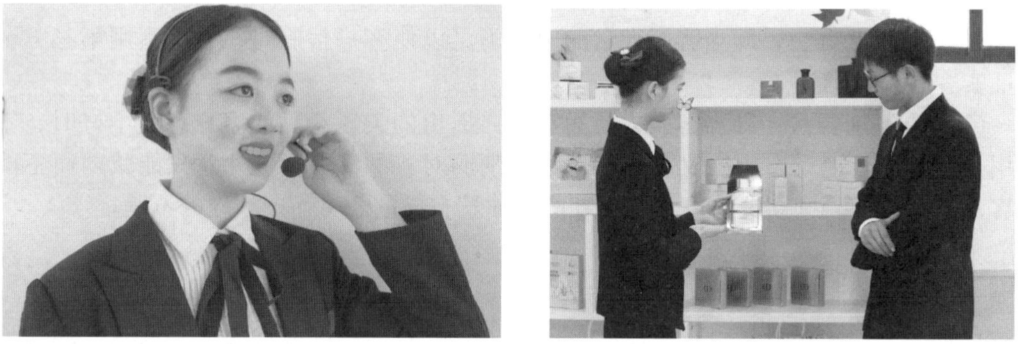

(a) (b)

图4-2-4

基础知识

1. 产品推介的步骤

产品推介过程要求简短清晰，回答问题有逻辑性，配合肢体语言，有积极的措辞，说话自信、果断，不模棱两可。产品推介步骤包括开场白、商品介绍、处理异议和促单成交等。

4-2-4 微课
“电话销售开场白”

（1）开场白。

①问候，自我介绍，表明身份。

②描述相关人物的引荐（如果有中间人推荐）。

③介绍目的，吸引客户。

（2）商品介绍。

①结合话术脚本对产品功能和公司情况进行介绍。

②分层次有逻辑性地进行产品介绍。

③交谈中进行客户需求挖掘和购买意向筛选。

（3）处理异议。

正视客户的质疑，识别客户疑虑类型，解答疑问。

（4）促单成交。

把握机会，积极沟通，捕捉成交信号，运用成交方法促单成交。

2. 成交时机

（1）顾客异议被妥善处理后。

（2）顾客发出各种购买信号时。

当客户对产品表现出浓厚的兴趣时，会呈现以下信号：

语言信号：积极肯定的回应、询问产品价格、询问产品或服务细节等。

动作信号：频频点头、试用产品、反复观看产品、沉思等。

表情信号：面部肌肉由紧张变为放松、表情放松、微笑、友好等。

事态信号：主动提出转换较好的洽谈环境、相关采购或决策人员等。

3. 成交方法

（1）直接成交法：客服人员在捕捉到顾客成交信号后，直接以语言方式提出成交建议。

（2）假设成交法：假设对方已经同意购买，直接询问对方关于购买产品的细节问题。如送货服务、购买数量等。

（3）选择成交法：给客户几种选择，让客户从中选择一种。

（4）最后机会法：利用客户对价格比较在意的心理，告诉顾客现在不买的话，优惠就没有了或者马上就会涨价的信息，促成顾客下定决心购买。

（5）利益汇总法：在请求成交时将产品能带给顾客的利益汇总进行展示，促成顾客采取购买行动。

学习情境

◆ 情境一 ◆

你是某品牌手机公司客服部的一名电话销售客服人员，向一名回头客介绍公司最近的促销信息。客户是一名乐意接受客服人员的推介、态度友好、温和型的顾客，使用过你公司生产的手机，感觉还不错，因为手机已经用了三年多了，准备想购买你公司的升级产品，不停地询问关于这件产品的优惠问题，反复计算优惠后的总价，以及确认其他的售后服务问题。请模拟如何促成这个交易。

参考：

（1）客户是一名回头客，对你公司的产品比较清楚并认可，属于满意客户，客户表现出的成交信号较明显，包括：不停地询问产品的优惠问题，反复计算优惠后的总价，以及确认其他的售后服务问题。

（2）客户现在最关心的利益点就是你公司的促销方案能否带给他实际性的收益。客服人员应结合这些因素，选用利益汇总法，并使用适当的成交方法进行引导。

◆ 情境二 ◆

一位年轻的男性顾客走进珠宝店，刚进店最初下意识想离开，销售人员邀请顾客坐下来，给予客户平息其焦虑心情的时间，同时观察顾客并提问，了解到顾客的需求是买钻石戒指送给心上人。销售人员判断其购买力，给足顾客面子，尤其说到“结婚不容易，要量力而行”引起了顾客共鸣，男顾客顿时对销售人员充满了好感。看到顾客频频点头，销售人员进入收单程序，给出选择标准和选择方案。顾客欣然接受，而且又多买了一只。

4－2－5 视频
“老爸快跑徐峥卖珠宝”

参考：

（1）善于观察顾客，要让顾客留得住，要让顾客听得进，具有同理心，帮助顾客解决问题，捕捉成交信号，包括：频频点头，对介绍或解释表示满意；耸起的双肩放松下来；身体向前倾，更加靠近销售人员；眼睛盯着商品仔细观察。

（2）要让顾客买得起，顾客买东西需要在财力和商品之间做平衡。在顾客承受范围内，尽可能满足他们的需求很重要。采用选择成交法，只要你足够好，在可控的范围内，顾客都会有超出我们想象的支付能力。

◆ 情境三 ◆

假如你是某品牌汽车4S店的销售客服人员，在汽车展厅里，刘先生带了一位业内人士一起来看车，刘先生是装修承包商，有一定的积蓄，业务也多，想买辆车。对于性能、外形及售后服务方面都已经认可，但谈来谈去，刘先生还是拿不定主意。你看他有诚意，报了实价，并告诉他，“近期内该车没有其他促销活动，所以价格上不会有大幅度的调整。现在给的价格已经是最低了。”刘先生说，“但我看网上分析，到年底大部分车型都要降价，尤其是这种家庭用车。我想等几个月再看看。”作为销售顾问，你如何处理？

参考：

（1）汽车产品作为价值比较高的产品，促单成交的周期较长，作为销售顾问必须具备丰富的经验和销售技巧。成交信号非常明显，包括：带业内人士一起看车，询问旁人的意见，对产品认可，纠结价格问题。

（2）销售顾问采用了最后机会法，但没有成功。可以采用以下方法，

如：如果有权利，可以申请保价，截至年底，降多少补多少。

还可以赠送5 000元左右的服务或礼品，告诉他以后即使降价，也不会有5 000元这么多。

采用利益汇总法，从体验的角度告诉他，现在如果开上这车，有面子，生意会多，和装修的客户谈价格时也有底气，能显示出他的实力；实在不行，以诚相待，表示对来访的感谢，择机回访，对客户来说，有时候人情味重一点，比价格便宜一点更重要。

活动设计

1. 活动条件

产品推介话术方案，产品服务的资料，公司的促销方案（也可进行简单的自行设计），可展示资料的手机、计算机等工具，布置好的洽谈室。

2. 活动组织

（1）每组6人（根据班级人数进行调整）。1人作为客服人员，1人作为客户，4人作为客服主管（评价员）。

（2）进行从开场白至促单成交的完整推介模拟，扮演客户一方的同学在客服人员介绍完后至少应询问三个相关问题，轮换角色操作。

（3）完成一轮训练后，大家及时点评纠错，再进行第二轮情境训练。

（4）巩固准备步骤和标准，并且举一反三，进行第三轮情境训练。

3. 注意事项

（1）注意手机等工具的安全使用，爱护物品。

（2）谈话过程中注意文明礼貌用语，特别是客服人员，必须遵守客服礼仪的要求。

4. 活动实施

活动实施见表4-2-6。

表4-2-6 活动实施

序号	步骤	操作及说明	服务标准
1	推介产品，处理异议	（1）按照流程推介产品。 （2）耐心细致地回应客户提出的异议。	（1）能熟练运用推介话术。 （2）能分层次、有逻辑性地进行推介。 （3）能用适当的技巧处理顾客异议。
2	捕捉成交信号，把握成交时机	注意观察客户在沟通过程中的动作、表情、语言等，敏锐捕捉客户出现的成交信号。	能辨别和捕捉客户成交信号。
3	选择成交方法，促成交易	运用适当的成交方法引导客户成交	（1）能积极、主动、大胆、多次地发出成交请求。 （2）能选择合适的成交方法

活动评价

活动评价见表4-2-7。

表 4-2-7 评价表

评价标准	评价（是/否）		
	情境一	情境二	情境三
能灵活运用话术介绍产品			
能耐心细致地处理客户异议			
能辨别和捕捉客户成交信号			
能积极、主动、大胆、多次地发出成交请求			
能选择合适的成交方法			
能正确运用成交方法引导客户进行成交			

知识链接

1. 客户抗拒的信号

你说你的，客户看客户的。（客户尚未被你吸引，主导权在客户手上）

客户："再看看""也没这么急"。（对产品交易还没有完全的信任感，包括对销售顾问、产品、自己的预算等没有把握）

客户双手抱于胸前。（客户对你所说的语言有疑虑、有防备心与不信任感）

眼神飘忽不定。（客户心虚，还没考虑要买）

2. 其他成交法

（1）优惠成交法：又称让步成交法，指的是销售人员通过提供优惠的条件促使客户决定立即购买的一种方法。

（2）小点成交法：又叫次要问题成交法，或者叫避重就轻成交法，利用成交的小点来间接地促成交易的方法。

（3）保证成交法：是指销售人员直接向客户提出成交保证，促使客户立即成交的一种方法。

（4）从众成交法：也叫排队成交法，利用顾客从众心理的一种最简单的方法。

强化训练

（1）请找出下面案例中的购买信号。

客服："您好，我是××公司客服人员，您需要一台在家使用的打印机，是吗？"

客户："是的。"

客服："我为您介绍这款 HP 100 型号，它是传真打印一体机，可以自动进出纸，同时具有来电显示、呼叫转移等功能，除了简单的……"

客户："嗯，它可以进行无纸接收吗？"

客服："是的，这一体机体积小，安装方便，非常适合家庭使用。"

客户："听起来不错，那价格多少呢？"

客服："1 580 元，我们的价格很合理。"

客户："你们产品的保修期是多长时间，售后服务怎么样？"

客服："我们的售后服务非常齐全，产品在买回家后如果出现问题，一个月之内可以包换，一年内包修。在全国 22 个大中城市都有我们的售后服务点，您可以放心购买。"

客户："支付方式是怎样的？"

客服："我们共有两种支付方式：一是您可以直接把款打到我们的账户上；二是可以扫码转款。这两种方式您可以任意选择。"

客户：（沉默）

客服：我们的产品无论从质量还是价格上来说，在目前的市场上都很有优势。性价比非常高。您还有哪些方面的考虑吗？

购买信号包括：

____

____

____

（2）如果你是销售按摩椅的电话销售客服人员，面对有成交意向的客户，你会怎样促成交易呢？根据所学的成交方法，并说明你会这么说的原因。

①客户有想买的意思，但是又推托说过几天再买。

你会这么说：

____

____

②客户很明显喜欢你介绍的中档价格的按摩椅，但是又犹豫不决。

你会这么说：

____

____

③客户性格比较温和，也有买按摩椅的冲动，你需要循循诱导他购买。

你会这么说：

____

____

④客户觉得价格有点贵，但是他上班很累确实又很需要这个按摩椅，犹豫。

你会这么说：

____

____

工作任务 4－3 处理订单

职业能力 4－3－1 能遵守销售规定准确核实信息生成订单

学习目标

1. 能遵循销售规定准确核实订单信息。
2. 能按照规定录入并生成订单。

核心概念

订单：企业或个人向供应商提供订购货物的合同、单据凭证。订单业务是呼叫中心的重要业务之一。

图 4－3－1

基础知识

1. 订单的类型

订单业务分为线上订单业务与线下订单业务。

（1）线上订单业务：电子系统订单、互联网网络平台订单。

电子系统订单，即客户用电子传递方式取代传统人工书写、输入、传送的订货方式，也就是将订货资料转为电子资料形式，由通信网络传送，此系统为电子订单系统。

互联网网络平台订单，即客户使用电子产品通过互联网平台进行咨询及自动化下单的订单系统。

（2）线下订单业务：厂商铺货订单、电话订单、业务员跑单接单等业务。

①厂商铺货订单。

供应商派巡货人至客户处查补单信息或直接将商品放在车上，逐店送货缺补，或现场与客户沟通后下订单。

②电话订单。

订货人员直接致电厂商口头描述商品名称、数量、价格及送货时间等业务下订单。

③业务员跑单接单。

业务员至各客户处直接推销产品，后将订单带回或紧急时以电话先联络公司通知客服人员下订单。

不管企业或客户使用哪种方式，订单业务都会出现订单号出错、快递滞后、退换货、质量缺陷、退款等问题，因此需要客服人员介入来协调解决，并跟踪所有订单的处理结果。

所以，每一个企业无论是线上订单或是线下订单，都应该配置不同的呼叫中心作为后台服务，制定标准的订单服务处理流程，来提高订单处理的效率。

2. 订单基本内容及录入与操作

（1）订单基本内容。

客服人员资料：客服工号、订单编号。

客户基本资料：客户单位名称、客户联系人、公司联络人、地址、联系电话。

订单要求：商品名称、商品编号、规格、价格、数量、收货联系人、收货时间、收货地址、其他内容。

订单信息：订单单号、发货时间、收货时间、客户反馈与评价。

（2）订单录入主要包括以下流程。

①核对订单信息的准确性。

一般在客户提出订购需求后，客服人员需要在结束电话之前重新核实一遍订单信息，包括商品名称与编号、数量、价格等，以及订单的发件地址、收件人身份等信息，以确保订单内容能准确无误地到达客户手中。

②检查所需商品是否可得。

当客户提出订单信息时，作为客服人员首先要快速查询业务系统里的库存情况，以免产生库存不足而导致给客户的承诺不能兑现的情况。如果发现库存不足，要及时告知客户暂时缺货或者到货时间可能延迟等实际情况。

③订单录入。

在确定订单生成时，录入订单产品信息、客户信息、地址等。

④其他需要备注的订单信息。

除了在系统中录入标准信息之外，很多时候客户还有一些额外的个性化需求，如送货时间要求等，都需要以备注的形式录入系统，以便线下人员在订单发送和配送时满足客户需求。

表4－3－1　订单业务记录表

制表日期：　年　月　日

客服工号		时间		订单编号	

一、客户信息			
客户单位名称			
客户联系人		联系方式	
公司联络人		联系方式	

二、订单要求

	商品名称		商品编号		规格		数量		价格

库存是否充足	□是　□否（补货时间）　年　月　日		总计	
收货联系人		联系方式		
收货时间	年　月　日			
收货地址				
其他备注				

三、订单信息	
订单单号	
发货时间	年　月　日
收货时间	年　月　日
其他备注	
客户反馈与评价	□非常好　□好　□一般　□差　□很差　□其他：________

填表人：　　　　跟单员：　　　　部门主管审核：

学习情境

◆ 情境一 ◆

客户张女士在某店铺购买化妆产品一套，指定要外观粉色的产品，但因店铺缺货，线上下单又因张女士要出差7天，因此要求店铺7天后送货上门。客户地址：东山区华乐路××号大院×幢，联系电话：1502626××××，联系人：张女士。

任务：

1. 完成客服订单记录表，登记产品外观、时间、地址。

2. 客服人员标明提前致电确定时间，在订单指定地方标记清楚。

3. 订单初步填写完成，请客户过目，确认无误才能交到录单员手上进行登记。

4. 录入完成后，接单客服人员应当场检查完毕再交客户检查，把单据交给客户后应提示客户保管好单据。

◆ 情境二 ◆

客户李先生在某网络平台复购 2 套产品，他是某品牌公司的线上会员客户，可享受免费延长产品售后服务 1 年，线上约定 7 天内送货，但是要送到两个不同的地址，一个地址是：荔湾区花地大道福林花园×号××××房，联系人李先生，联系电话：1362938××××；另一个地址是：越秀区执信南路×××号大院×幢×××房，联系人李小姐，联系电话：1352838××××。

任务：

1. 线上记录两个不同地址应分两张单据进行登记。

2. 备注：送货时间为七天内，确定日期及准确的时间，标明送货前提前一天进行电话确定。

3. 客服人员通过计算机订单初步填写完成并核实后，客服人员将单据通过短信或电子邮箱发送客户后，应提示客户保管好电子单据。

活动设计

1. 活动条件

“订单业务记录表”，计算机、常用办公工具，模拟接待室。

2. 活动组织

（1）4 人一组，分别扮演客户、客服人员、跟单员、部门主管四个角色。

（2）每组按照各自不同的两种情境模拟题进行订单录入操作实训，角色轮换操作。

（3）完成一轮训练后，大家及时点评纠错，巩固准备步骤和标准，再进行第二轮情境训练。

3. 注意事项

（1）在集中办公环境内不能大声喧哗。

（2）使用计算机设备时注意安全，爱惜公物。

（3）与客户对话时，注意客服人员用词的规范和礼貌。

4. 活动实施

活动实施见表 4－3－2。

表4-3-2　活动实施

序号	步骤	操作及说明	服务标准
1	核对订单信息的准确性	（1）核对订单信息：客户基本资料、订单要求。 （2）客户提出订购需求后，客服人员认真地重新口述核实一遍订单信息。	（1）面带微笑，态度自然优雅。 （2）标准普通话，音量适中，确保客户能听得清晰顺畅。 （3）认真、细致核对订单信息。
2	订单录入	（1）生成订单，规范填写订单相关内容。 （2）为客户录入订单信息，遇到不清楚或多音字时要询问清楚。 （3）询问客户是否有其他备注信息。 （4）记录完成后，交由客户做最后检查，再次确认信息无误后录入系统。	（1）订单录入时，不能忽略顾客疑虑，随时为顾客提供服务，热情回复客户问题。 （2）订单填写规范清晰，没有错误。 （3）把填好的订单整理仔细，放置规范，注意保护客户隐私。
3	客户确认并生成订单	（1）简洁明白地向客户说明订单完成情况，待客户回复确认。 （2）按规范程序完成与客户的单据交接，确认无误后生成订单。 （3）用标准礼貌用语客户与道别	（1）细心地检查客户的订单。 （2）全程跟进整个客户订单过程。 （3）正确运用标准礼貌用语向客户道别，并表示感谢

活动评价

活动评价见表4-3-3。

表4-3-3　评价表

评价标准	评价（是/否）	
	情境一	情境二
标准普通话，音量适中，确保客户能听得清晰顺畅		
能认真地核实客户订单		
能准确记录客户信息，不出错		
能规范正确填写单据		
能按时完成单据录入工作		
能准确录入客户订单		
能简洁明白地向客户说明订单完成情况		
能按规范程序完成与客户的单据交接		
能正确运用礼貌用语向客户道别		

知识链接

订单软件

常用的订单软件有表格应用软件和表格控件，如 Word、Excel 表格是最常用的订单数据处理方式之一，主要用于输入、输出、显示、处理和打印数据，可以制作各种复杂的表格文档，甚至能帮助用户进行复杂的统计运算和图表化展示等。表格控件还常用于数据库中数据的呈现和编辑、数据录入界面设计、数据交换（如与 Excel 交换数据）、数据报表及分析等。

随着科技的发展，在现实生活中，订单录入会采用机器人替代人工完成订单处理。跨平台自动处理订单，高效准确，提高订单处理效率，减轻企业的工作量，极大节省处理时间。

强化训练

广州市金味食品有限公司的采购经理刘先生，代表公司致电我公司购买 30 套产品，通过中国银行转账预付款 1 万元，产品于 3 月 5 日由我公司一次性全部运送到金味食品公司总部，地址：人民中路×××号之一，联系电话：1389922××××，联系人：刘经理，余款 2 万元于 3 月 5 日当天货到付清。因购买数量较大，免费为刘经理升级为 VIP 客户，余款付清后，刘经理可享受三次产品免费升级服务，升级服务时间由刘经理定。

任务：

（1）在订单上免费将客户升级为 VIP 客户，登记预付货款。

（2）备注：余款付清后客户可享受三次免费的产品升级服务，余款是货到付清。

职业能力 4-3-2 能够按照订单运作流程完成订单跟踪

学习目标

1. 了解订单跟踪的基本内容。
2. 了解订单跟踪的操作流程。

核心概念

订单跟踪： 通过不断向客户报告订单处理过程中或货物交付过程中的延迟等方面的信息，确保货物交付客户的过程。这是订单处理过程的最后环节，确保优质的客户服务。

图 4-3-2

基础知识

1. 订单跟踪的目的

订单跟踪是为了进一步优化订单管理全流程，监控产品供应过程，提高到货及时率，同时优化企业内部管理流程，提高工作效率，加强客户满意度，真正实现以客户满意为第一目标。

2. 订单跟踪基本内容

（1）公司客户订单基本资料：客户公司名称、订单编号、地址、联系人、联系方式等。

（2）订单内容：客户公司概况类型、产品质量及特点、客户需求及意向。

（3）订单信息：产品名称、编号、类别、数量、价格。

（4）收货信息：收货联系人、收货时间、收货地址、发货时间。

（5）订单跟踪信息：跟踪日期、方式、进度、客户变更信息等。

3．订单跟踪技巧

（1）分清轻重缓急、事前考虑订单异常。

（2）在订单周转过程中跟踪订单，如发现订单货物交付进度及时间等信息异常及时处理。

（3）如遇到订单跟踪无法协调解决的问题，需上报领导部门处理。

4．跟踪订单操作流程

表 4－3－4　客户订单跟踪记录表

制表日期：　年　月　日

<table>
<tr><td>公司名称</td><td></td><td>地址</td><td></td><td>订单编号</td><td></td></tr>
<tr><td>联系人</td><td></td><td>联系方式</td><td></td><td>职务</td><td></td></tr>
<tr><td>客户公司概况及类型</td><td></td><td>产品质量及特点</td><td colspan="3"></td></tr>
<tr><td>客户需求及意向</td><td colspan="5"></td></tr>
<tr><td>产品名称</td><td>产品编号</td><td>产品类别</td><td>产品数量</td><td colspan="2">产品价格</td></tr>
<tr><td></td><td></td><td></td><td></td><td colspan="2"></td></tr>
<tr><td></td><td></td><td></td><td></td><td colspan="2"></td></tr>
<tr><td></td><td></td><td></td><td></td><td colspan="2"></td></tr>
<tr><td>发货日期</td><td colspan="3">年　月　日</td><td>总计</td><td></td></tr>
<tr><td>收货联系人</td><td colspan="2"></td><td>联系方式</td><td colspan="2"></td></tr>
<tr><td>收货时间</td><td colspan="5">年　月　日</td></tr>
<tr><td>收货地址</td><td colspan="5"></td></tr>
<tr><td>其他备注</td><td colspan="5"></td></tr>
<tr><td>跟踪日期</td><td>方式</td><td>进度</td><td>大致内容</td><td colspan="2">备注</td></tr>
<tr><td></td><td></td><td></td><td></td><td colspan="2"></td></tr>
<tr><td></td><td></td><td></td><td></td><td colspan="2"></td></tr>
<tr><td></td><td></td><td></td><td></td><td colspan="2"></td></tr>
</table>

填表人：　　　　　　　　部门：　　　　　　　　分管领导审核：

（1）整理客户业务订单。

①核对订单时间顺序，整理并登记，为订单进行编号。

②按配送时间先后顺序与各部门沟通协调。

（2）核对仓库产品订单，协调跟进。

①按订单内容逐一核对商品的在库状况，包括订单编号、商品数量、外观、型号、体积、重量、包装等。

②按订单内容核对每单的商品出库时间、件数等。

③核对配送该单的直接负责人姓名、电话等。

④核对后若库存不足，及时与客户沟通，更改订单。

（3）与顾客电话联系，核定最终收货时间、地点及联系人。

①按配送的先后顺序逐一与客户电话联系，核定最终的配送情况。

②如若客户要求修改配送时间，应及时与负责人联系，修改配送时间并重新确认一次。

学习情境

◆ 情境一 ◆

客户李女士于2021年2月10日在某互联网平台购买500 mL的保温杯两套，指定要外观粉色的保温杯。因李女士要出国15天，因此要求公司15天后送货上门。订单编号：12345，客户地址：越秀区华乐路×××号大院×幢×××房，联系电话：1502626×××××，联系人：李女士。

表4-3-5

客户姓名	李女士	订单编号	12345
联系电话	1502626××××	下单时间	2021年2月10日
购买产品	500 mL的保温杯	数量	2套
客户地址	越秀区华乐路××××号大院×幢×××房	其他备注	外观为粉红色的保温杯，因出国15天，故15天后送货上门

任务：

（1）备注：产品外观是粉色，需与仓储部核对清楚，以免出现错误。

（2）送货时间定为15天后，核实配送部门确认清楚日期及准确的时间，在配送前一天，还要与顾客做一次确认。

（3）其余的环节按规范流程处理与完成。

◆ 情境二 ◆

客户李先生在2021年2月10日，复购洗衣机、电视机各一台，是本公司的会员客户，可享受免费延长产品售后服务1年，约定明天送货，但是送到两个不同的地址，洗衣机送到荔湾区花地大道福林花园×号××××房，联系人李先生，联系电话：1362938××××，编号为：12346；电视机送到越秀区执信南路×××号大院×幢×××房，联系人李小姐，联系电话：1352838××××，编号为：12347。

表 4－3－6

客户姓名	李先生	订单编号	12346
联系电话	1362938××××	下单时间	2021 年 2 月 10 日
购买产品	洗衣机	数量	一台
客户地址	荔湾区花地大道福林花园×号××××房	其他备注	李先生是本公司的会员客户，可享受免费延长产品售后服务 1 年。客户共下两单，分开送，约定明天送货
客户姓名	李小姐	订单编号	12347
联系电话	1352838××××	下单时间	2021 年 2 月 10 日
购买产品	电视机	数量	一台
客户地址	越秀区执信南路×××号大院×幢×××房	其他备注	李先生是本公司的会员客户，可享受免费延长产品售后服务 1 年。客户共下两单，分开送，约定明天送货

任务：

（1）核对两地不同的地址进行配送的，订单应分别进行编号和登记。

（2）按照不同编号的订单分别与配送部门进行确认。

（3）核实送货时间，必须要根据确定日期及准确的时间，与配送部门进行确认。

（4）其余的环节按规范流程处理与完成。

活动设计

1. 活动条件

客服工作台、“订单跟踪记录表”，办公用品、模拟接待室。

2. 活动组织

（1）学生分成 8 组，每组 6 人，2 人作为客服人员，2 人作为客户，2 人作为配送部负责人。

（2）角色扮演，每位组员分别完成一次不同的角色任务及评价员任务。

（3）每次完成一项情境任务后，及时评价修改，再完成下一项情境任务。

3. 注意事项

（1）注意当面沟通及使用电话沟通时的礼仪和技巧。

（2）沟通时要注意做好记录。

4. 活动实施

活动实施见表 4－3－7。

表 4－3－7　活动实施

序号	步骤	操作及说明	服务标准
1	整理订单	按企业要求，批量或定时进行订单整理，核对订单时间顺序登记并建立编号	耐心细致，合理有序
2	递交订单到相关部门	将整理好的订单递交到物流、财务等相关部门	及时、准确
3	填写订单跟踪表，跟进订单状态	（1）填写客户订单跟踪表。 （2）根据物流、财务部门等反馈的情况及时与客户沟通协调，更改或完善订单	反馈及时，与客户沟通积极有效
4	根据客户变更要求进行跟踪处理	若客户出现配送时间、地点等信息的变更要求，应及时与相关部门联系，修改信息，并在订单跟踪表上备注	修改资料清晰，无错漏；联系及时，准确做好备注
5	落实订单最终完成情况	在约定的商品交收时间完成后，联系客户确认收货，并引导客户进行服务评价	确认的内容准确、无遗漏。引导评价态度公正、客观

活动评价

活动评价见表 4－3－8。

表 4－3－8　评价表

评价标准	评价（是/否）	
	情境一	情境二
能认真核实与填写客户信息		
能规范正确地填写单据		
能简洁明白地向客户说明订单完成情况		
能按规范程序完成与相关部门的单据交接		
学习根据客户要求分开配送货品并填写表格		
确认表格内容无误，与客户要求一致		

知识链接

App 客服订单跟进的技巧

1．关于发货

（1）检查出货产品质量，如果发现有问题，及时更换，会减少以及避免买家退换货

物造成的不必要的损失和麻烦。

（2）封箱时，胶带要整齐，不要留有过多气泡。

（3）填写包裹单时，将买家留下的所有联系电话一并填上，虽然快递公司只要求有手机号码，但为了避免买家手机临时停机或关机，尽量将买家的固定电话也写上。

2. 发货和物流问题

（1）发货后一定要告知客户。

（2）如果是物流问题，客服人员要主动客气，先安慰买家不要着急，买家下线后，把查询到的结果直接在线上留言给买家。

（3）有问必答，在很忙的情况下可以让买家稍等，但不能不理会买家。

（4）和买家说明，真是丢了，偷了，或是少发了，一定会补发，不要担心。

（5）如果发货单上确实没有该产品或数量不对，当天可以补发给买家。

（6）以上问题如果在网上交流不能解决一定要打电话给买家，在电话里解释。

3. 售后问题

（1）对于收到货后出现了问题，表示非常抱歉。

（2）对于货物的问题征求买家的意见：认为有瑕疵不可以接受，重新为买家发货；如果认为瑕疵不可以接受，需要退款，退货的地址和注意事项会发给买家，货到了以后，会将全款退回给买家，再次致歉。

强化训练

画出客服人员进行售后跟踪服务的流程图。

5

客户投诉处理

工作任务 5－1 受理投诉

职业能力 5－1－1 能受理客户投诉并准确记录投诉内容

学习目标

1. 能按规范接待客户并受理投诉。
2. 能沟通并记录客户投诉的内容和诉求。
3. 能判定投诉是否成立。

核心概念

客户投诉： 客户因对企业产品质量或服务不满意，而提出的书面的或口头上的异议、抗议、索赔和要求解决问题等行为。客户投诉是消费者对商家的产品质量、服务态度等各方面的问题，向商家主管部门反映情况，并要求解决诉求问题或获得补偿的一种手段。

受理投诉： 接待投诉客户，沟通并记录客户投诉的内容和诉求，同时判断投诉是否成立。

图 5－1－1

5－1－1 微课
“客户投诉概念”

基础知识

1. 投诉方式

（1）书面投诉：投诉人将投诉的事由写成书面材料，以邮寄或送交的方式送达有关部门的投诉。

（2）网络投诉：投诉人通过电子邮件、电商平台、即时沟通 APP 等，表达投诉事由的方式。

（3）电话投诉：投诉人通过服务热线或客户投诉热线，表达投诉事由的方式。

（4）现场投诉：投诉人通过来访的方式表达投诉事由。

5－1－2 微课“受理客户投诉”

2. 受理投诉的步骤

（1）安抚客户情绪。

（2）倾听与确认客户诉求。

（3）记录投诉要点。

（4）判断客户投诉是否成立。

3. 客户投诉记录

（1）客户投诉的内容：时间、地点、人物、事情经过，并请客户提供相关佐证材料，获取必要信息。

（2）客户投诉的诉求：客户投诉问题希望达到的诉求。

（3）客户的联系方式：如手机号码、邮箱地址、客户公司地址、QQ 号码等，以便在调查过程中通过多种渠道与客户联系。

附客户投诉登记表。

表 5－1－1 客户投诉登记表

<table>
<tr><td>受理人</td><td></td><td>记录时间</td><td>年 月 日</td><td>编号</td><td></td></tr>
<tr><td rowspan="4">客户情况</td><td>客户名称</td><td colspan="4"></td></tr>
<tr><td>客户地址</td><td colspan="4"></td></tr>
<tr><td>联系人</td><td colspan="2"></td><td>电话</td><td></td></tr>
<tr><td>其他内容</td><td colspan="4"></td></tr>
<tr><td colspan="2">投诉方式</td><td colspan="4">□电话 □FAX □信件 □E-mail □来访 □其他</td></tr>
<tr><td colspan="2">投诉内容</td><td colspan="4"></td></tr>
<tr><td colspan="2">客户要求</td><td colspan="4"></td></tr>
<tr><td colspan="2">客户投诉的严重程度</td><td colspan="4">高（ ）、中（ ）、低（ ）</td></tr>
</table>

4. 投诉受理的技巧

（1）安抚客户情绪：真诚接待客户、鼓励客户发泄、道歉及感谢客户。

（2）耐心倾听客户投诉的内容，通过提问的沟通方式澄清问题，与客户确认问题。

（3）能够准确地用文字描述客户的投诉问题及诉求。

（4）明确告诉答复时间，一定在时限内将处理结果反馈给客户。

5. 判定投诉是否成立

（1）根据投诉人判定：当投诉人符合客户、准客户、第三者身份，并获得以上人员的授权时，可直接判定为投诉成立。

（2）根据投诉对象判定：当投诉对象是以下之一，即公司组织、公司正式聘用人员、试用期工作人员和实习期工作人员、书面授权委托进行相关业务的代理人、服务商、运营商等，包括组织及其正式聘用的人员、国家法律法规规定的有关主体时，投诉可判定成立。

（3）根据投诉内容判定：当客户投诉工作人员服务态度问题，有关人员技能问题，产品或服务质量问题等时，投诉可判定成立。

学习情境

◆ 情境一 ◆

某酒店住客李小姐投诉咖啡厅服务员结账时间长达15分钟，当时并无其他客人结账，只是该咖啡厅服务员与其他同事聊天。而且李小姐离开时该咖啡厅服务员大声地叫她的名字，大庭广众下令她很难堪。

如果你是酒店前台客服人员，接到李小姐的投诉，该如何做好投诉受理？（角色扮演）

5－1－3 视频
“客户投诉处理场景”

（1）请客户到环境适宜的地方，安抚客户情绪。

（2）确认客户诉求。

（3）记录投诉要点，填写“客户投诉登记表”。

◆ 情境二 ◆

何先生参加了“购买会员卡，赠送大礼包”的一个区域活动，在A店购卡时得到120元电子优惠券，当时A店前台告诉何先生优惠券全国通用，但当何先生在B店使用时被告知无法使用，优惠券是专店专用的，何先生觉得A店存在欺诈行为，打电话到客服中心投诉。

如果你是客服人员，接到何先生的电话投诉时，该如何做好投诉受理？（角色扮演）

（1）对客户的投诉表示感谢。

（2）安抚客户情绪。

（3）确认客户诉求。

（4）记录投诉要点，填写“客户投诉登记表”。

◆ 情境三 ◆

杨先生在网上商城报名参加广州某旅行社组织的日本五天游旅游团，出发时因天气问题航班延误十几个小时，导致五天的前两天行程受到影响。杨先生通过网上商城投诉称天气问题应当可以预知，旅行社应承担游客前两天行程受到影响的损失。

如果你是客服人员，收到杨先生的投诉，该如何做好投诉受理？（角色扮演）

(1) 对客户的投诉表示感谢。

(2) 安抚客户情绪。

(3) 确认客户诉求。

(4) 记录投诉要点，填写“客户投诉登记表”。

活动设计

1. 活动条件

客服工作台、常用办公用具、接待室，《客户投诉接待管理制度》，“客户投诉登记表”。

2. 活动组织

(1) 4 名学生为一组，1 人作为客服，1 人作为客户，2 人作为评价员。

(2) 每组按照不同情境模拟题进行实训，角色可以轮换操作。

(3) 完成一轮实训后，评价员点评纠错，再进行第二、第三轮情境训练。

3. 注意事项

在公共环境内不能大声喧哗，避免影响其他在岗客服人员工作，避免影响现场其他客户。

4. 活动实施

活动实施见表 5－1－2。

表 5－1－2　活动实施

序号	步骤	操作及说明	服务标准
1	接待投诉客户，安抚客户情绪	真诚接待客户：如现场投诉，请客户到环境适宜的地方；要有同理心，鼓励客户发泄；道歉及感谢客户。	(1) 话术准确。 (2) 礼仪规范。 (3) 态度诚恳、得体。
2	确认客户诉求	耐心与客户进行沟通，确认客户描述的问题，理解客户诉求。	(1) 沟通话术运用得当。 (2) 重复客户诉求，并确认。 (3) 保持冷静，同情、理解并安慰客户。
3	记录投诉要点，填写“客户投诉登记表”	通过有效沟通，帮助客户厘清思路，归纳客户的投诉要点，完整填写	(1) 能准确描述投诉问题和诉求。 (2) 基本信息记录完整。 (3) 记录条理清晰

活动评价

活动评价见表 5－1－3。

表 5－1－3　评价表

评价标准	评价（是/否）		
	情境一	情境二	情境三
能引领客户入座，奉茶			
能使用肢体语言、口头语言安抚客户情绪			
能准确获悉客户投诉要求			
能记录“客户投诉登记表”			
能使用规范用语问候并及时回应客户			

知识链接

客户投诉程度的划分

客户投诉的严重程度可以划分为高、中、低三个层次。

高：投诉的内容对公司的声誉和形象有一定的影响，会给客户与公司造成重大的经济损失。

中：投诉内容有一定的影响性，或是投诉的数量比较多。

低：客户投诉的内容影响较小，属于个别偶发现象。

5－1－4　视频
“客户投诉处理示例”

对客户投诉程度划分层次的目的是使相关部门在处理投诉过程中能预先了解客户投诉的程度，以便采取谨慎的态度更好地与客户沟通，尽可能在投诉的处理中保持公平、公正，避免出现偏颇，导致客户投诉的无谓升级。

客户投诉的程度没有明显的划分标准，作为客服人员要根据客户投诉的情绪、投诉的内容、事态的进展、投诉事件所引发的后果、社会效应、对公司赢利及声誉的影响、客户的重要程度等各方面的要素综合衡量。不同的个案、不同的客户心理、不同的公司制度都会有不同的划分结果，所以要加强客服人员培训，强化客服人员专业知识，熟知公司的具体规定，提升个人的工作经验及判断力。

强化训练

请根据电话投诉音频，完成客户投诉登记表的填写。

广州 KK 公司的何先生委托畅捷物流公司向英国的布朗先生寄出一箱手机样品，布朗先生收件后致电畅捷物流公司进行投诉。请扫码听音频，填写“客户投诉登记表”。

5－1－5　扫码听音频“电话投诉”

5－1－6　投诉场景音频

表5－1－4　客户投诉登记表

<table>
<tr><td>受理人</td><td></td><td>记录时间</td><td>年　　月　　日</td><td>编号</td><td></td></tr>
<tr><td rowspan="4">客户情况</td><td>客户名称</td><td colspan="4"></td></tr>
<tr><td>客户地址</td><td colspan="4"></td></tr>
<tr><td>联系人</td><td colspan="2"></td><td>电话</td><td></td></tr>
<tr><td>其他内容</td><td colspan="4"></td></tr>
<tr><td colspan="2">投诉方式</td><td colspan="4">□电话　□FAX　□信件　□E-mail　□来访　□其他</td></tr>
<tr><td colspan="2">投诉内容</td><td colspan="4"></td></tr>
<tr><td colspan="2">客户要求</td><td colspan="4"></td></tr>
<tr><td colspan="2">客户投诉的严重程度</td><td colspan="4">高（　　　）、中（　　　）、低（　　　）</td></tr>
</table>

职业能力 5－1－2 能准确了解客户投诉的原因并深入分析

学习目标

1. 能准确了解客户投诉的原因。
2. 能分析客户投诉的心理和期望。

核心概念

客户期望：客户对某一产品或服务提供商能够为自己解决问题或提供解决问题的方案方法能力大小的预期。

图 5－1－2

基础知识

1. **客户投诉的原因**

（1）产品的原因。企业产品的品种不齐全、功能欠缺或者无法发挥原有的功能，或给客户提供了错误的信息，或没能符合客户对产品要求而引发的质量问题。

（2）服务的原因。企业所提供的服务没有严格遵照服务标准，没有达到质量标准而造成的投诉。包括服务态度、服务效率、服务规程、服务内容及服务环境等。

（3）客户的原因。客户因对企业的产品或服务缺乏了解而产生误会，或在享受企业提供的产品或服务时出现了意外而造成的无效投诉。

（4）客户的期望。客户购买产品或服务时对产品本身和服务都抱有良好的愿望和期盼值。当客户期望值得不到满足，就会失去心理平衡，从而产生抱怨情绪进而投诉。

（5）意外事故。客户在享受企业提供的产品或服务时，出现了意外事故，如产品丢失，或因产品质量问题造成人员、经济损失等意外事件、意外环节，客户对此进行的投诉。

2. 投诉客户的心理

（1）补偿心理。客户认为产品或服务没有达到预期的期望，造成物质或精神上受到损害，投诉的目的是得到补偿，不仅包括经济上的补偿，还包括精神上的补偿。

（2）尊重心理。客户认为自己的投诉很有道理并希望得到理解和肯定，通过投诉可以让自己所遇到的问题受到关注和重视，并得到认同和尊重。

（3）发泄心理。客户因对产品或者服务非常不满而产生怨气，用投诉来发泄不满情绪，释放和缓解郁闷或不快的心情，寻求心理上的平衡，等怒气消除便不会有进一步的诉求。

（4）出于建议。客户投诉的目的是提出一些建议，在经历某次不满意的服务后，或看到某些可能存在的服务失误问题时，会向企业提出自己的建议与见解。这部分客户大多是理智型与内涵型消费者。个别投诉的目的仅是批评，通过这种方式获得一种成就感，以代表广大消费者之名来讨个说法。

（5）出于报复。客户的投诉期望与从企业的处理结果相差过大，或是客户在宣泄情绪过程中受阻或受到新的伤害时，有些客户会演变成报复的心理。

3. 客户投诉的期望

从行为学角度看，客户投诉是一种主动行为，是客户用具体的措施来表示不满。因此，准确找出客户投诉期望尤为关键。

（1）发泄不满情绪。若客户投诉是将不满传递给企业，目的在于恢复或平衡自己的心理状态。这种情况客服人员应耐心倾听、安抚客户情绪，并及时与相关部门联系确认问题所在，分清责任后再给予客户合理解释。

（2）渴望得到尊重。客户在进行投诉时希望得到认同、尊重和重视，处理投诉的客服人员及时向客户表示诚挚的歉意，适当赞扬客户，解决问题并感谢客户的建议和支持，是化解客户自尊心理受损导致不满的有效途径。

（3）希望得到补偿。客户权益受到损害时，尤其是经济、人身安全受到损害时，希望能够及时地得到补偿。企业应适当为客服人员授权，轻微问题能立即解决；重大问题能迅速流转到相关部门并及时做出解决与补偿。

学习情境

◆ 情境一 ◆

客户刘小姐看到某超市的宣传单，前往购买特价商品，发现货架上空无一物，于是向服务中心投诉："为什么我每次到你们店买特价商品总是买不到？像这个××商品，宣传单上明明写特价一周，但今天才第三天就没有了，你们这不是欺骗顾客，把我们当傻瓜吗？"请分析客户投诉的原因，并提取客户的投诉期望。

参考：

（1）了解情况。客户在看到宣传单来到超市，是因为想要购买特价商品，但是特价商品已售空，这是由客户的期望没有得到满足而产生的投诉，客户存在补偿和发泄的心理。

（2）分析原因。超市对于特价商品的需求预计不足，造成宣传单的优惠信息和现场实际情况存在差别，超市的服务内容没能满足客户要求，而且超市也没有及时做出预备方案。客户的投诉也是出于建议的心理，希望超市改进。

（3）应对处理。安抚客户情绪，对客户的心理表示理解，可以为客户提供别的特价商品，或以赠送礼品的方式表示歉意，感谢客户对超市的支持，让客户感到被尊重和获得补偿。

◆ 情境二 ◆

客户张先生因遭遇电信诈骗，在骗子引导下透露个人银行信息而导致被盗刷了10 000元，他心情不佳，打电话投诉银行安全措施不足。作为客服人员请分析客户投诉的原因及心理，并提取客户的投诉期望。

参考：

（1）了解情况。客户在享受企业提供的产品或服务时，出现了意外事故，属于意外原因。不法分子假冒银行人员对客户实施了诈骗，提醒客户对不明电话或短信需保持警惕，不要透露个人账户的信息，并建议客户尽快报案。

（2）分析原因。客户认为自己的权益受到损害，投诉的目的主要是想得到补偿，属于补偿心理。

（3）应对处理。安抚客户情绪，充分运用同理心与客户沟通，对于客户的遭遇表示同情，银行会和客户一起面对这个问题，积极地配合警方展开调查；如果是信用卡，为避免对客户征信受到影响，建议客户按时还款，可提供灵活还款方案，减轻客户的还款压力。

◆ 情境三 ◆

李先生去某银行办理业务，发现柜台服务人员没有戴胸牌，就询问对方的员工号，柜台工作人员直接回答：“我没有员工号。”李先生非常不满，向值班经理投诉：“银行是服务行业，柜台人员没有员工号怎么可以上岗？”请分析客户投诉的原因，并采用相应的方法深入分析。

参考：

（1）了解情况。客户在接受服务时觉得服务人员没有执行服务标准，并且态度差，缺乏服务人员的基本礼仪。

（2）分析原因。客户认为银行的服务人员工作不规范，银行管理存在问题，这是出于建议和渴望得到尊重的心理。

（3）应对处理。态度诚恳，对客户提出的建议表示感谢，并表示会继续强化服务人员培训，加强服务人员管理，表示银行非常重视客户提出的投诉。

活动设计

1. 活动条件

会议室、常用办公工具，“客户投诉登记表”“客户投诉原因分析表”。

2. 活动组织

(1) 4 名学生为一组，4 人作为客服人员，其中 1 人作为组长。
(2) 每组根据不同情境进行讨论，采用分析方法进行分析，组长分享。
(3) 其他小组成员点评纠错。

3. 注意事项

客服人员要正确对待客户投诉，要理解客户投诉有助于改进企业工作。

4. 活动实施

活动实施见表 5－1－5。

表 5－1－5　活动实施

序号	步骤	操作及说明	标准
1	确认客户投诉原因	确认并分析客户投诉原因。	(1) 准确理解客户投诉内容。 (2) 能描述客户投诉原因。
2	分析投诉客户的心理	分析投诉客户的心理。	能正确分析投诉客户的心理。
3	提取客户投诉期望	(1) 提取客户投诉期望。 (2) 提出合理的投诉处理建议	(1) 获取客户投诉期望。 (2) 能提出合理的投诉处理建议

活动评价

活动评价见表 5－1－6。

表 5－1－6　评价表

评价标准	评价（是/否）		
	情境一	情境二	情境三
能了解客户投诉原因			
能分析客户投诉原因			
能提取客户投诉期望			

知识链接

1. 鱼骨图分析法

鱼骨图分析法又叫因果分析法，是一种发现问题“根本原因”的分析方法，可将其划分为问题型、原因型及对策型等。其特点是简捷、实用，比较直观，鱼骨图分析法是非定量的工具，可以帮助我们找到发生投诉的潜在的根本原因。

鱼骨图分析绘制步骤如下。

(1) 填写鱼头(投诉内容),画出主骨。

(2) 分析发生投诉的主要原因,主要原因必须用中性词表示(不说明好坏)。

(3) 画出大骨,填写主要原因。

(4) 对主要原因进一步分解,画出中骨,列出分原因(使用价值判断)。

(5) 用特殊符号标识重要因素。

要点:绘图时,应保证大骨与主骨呈60°夹角,中骨与主骨平行。

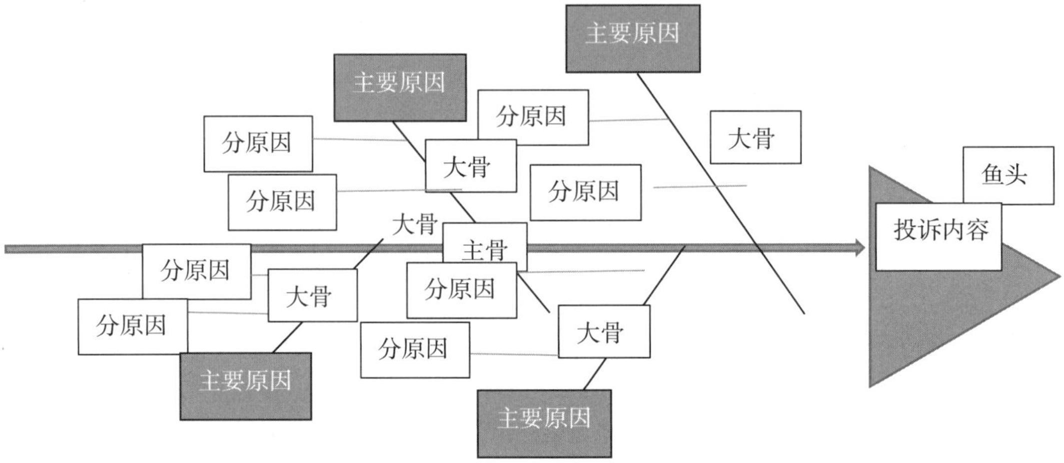

图 5-1-3

2. 问题树分析法

它是按解决问题的思维过程,找出问题所在,并确定问题发生原因的系统方法。

问题树分析法的步骤如下。

(1) 确定问题:通过实际状况与标准要求是否存在偏差确定问题。

(2) 分解问题:区分问题的轻重、大小、紧急严重程度,把复杂问题分解成几个简单问题。

(3) 找出问题原因:用 why-what-who-where-when-how 描述和分析,找出出现问题的各种原因。

(4) 确定问题的原因:通过检查核实,确定出现问题的真正原因。可借助问题树简化问题,从而找到问题产生的真正原因。

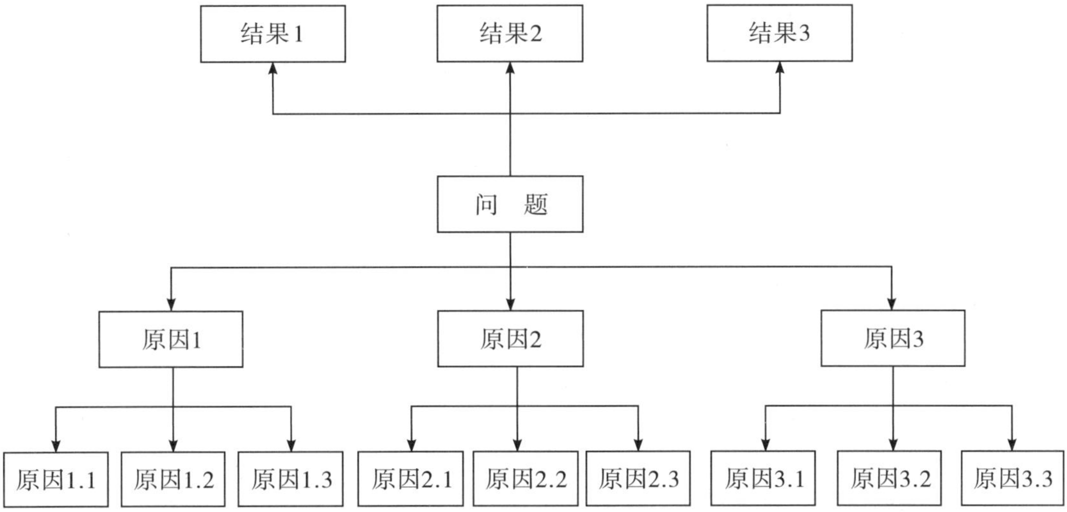

图 5－1－4

强化训练

请根据下列表格中客户投诉内容，分析客户投诉的原因和心理，分析客户的投诉期望，可借助鱼骨图或问题树进行分析。

表 5－1－7

投诉内容	投诉原因	投诉心理	投诉期望
刚买的手机频繁死机			
在餐厅用餐时吃到异物			
在商场购物付款时被多收费			
入住酒店洗热水澡时水时冷时热			
参加旅行团时被导游强迫购物			
网购收到的货物破损			
服装店试衣服时销售人员言语伤人			
客户购买洗衣机货不对板			

工作任务 5－2 处理投诉

职业能力 5－2－1 能够积极应对客户情绪并进行有效管理

学习目标

1. 能正确辨析和积极应对客户情绪。
2. 能有效管理客户情绪和个人情绪。

核心概念

情绪管理：通过研究个体和群体对自身情绪和他人情绪的认识，培养驾驭情绪的能力，并由此产生良好的管理效果。作为一名专业的客服人员，管理好自己的情绪，巧妙引导好客户的情绪是一项非常重要的业务技能。

图 5－2－1

5－2－1 微课
“什么是情绪管理”

基础知识

1. 情绪的表现形式及判定

（1）情绪：个体对本身需要和客观事物的短暂而强烈的体验。它是一种主观感受、生理的反应、认知的互动，并表达出一些特定行为，也是人的需要获得满足与否的反映。表现形式如下：

积极的情绪：如高兴、喜悦、满意等。

消极的情绪：如悲痛、愤怒、生气、失望等。

（2）判断客户情绪。

通过面部表情和语音语调识别，如心情愉悦时嘴角上翘，眼部会出现环形褶皱；愤怒时会皱眉，睁大眼睛等。又如心情愉悦时说话的语调会比较欢快，烦躁时语调会比较沉闷，生气时语调激昂。

5－2－2 微课
“情绪管理的重要性”

2. 常见的投诉客户情绪

积极的情绪：客户在进行投诉时，以积极的反馈表示对企业及产品的忠诚，希望能够通过投诉加强企业内部管理、改善服务质量、改进产品质量。在这种积极的情绪推动下，客户所提出的建议大多是合理有效的，企业应给予充分的肯定，积极与客户进行沟通与反馈，协助客户解决问题。

消极的情绪：如焦急、生气、愤怒、厌烦、窝火、暴躁等情绪，这些情绪会阻碍投诉问题的顺利解决。因此，耐心倾听、复述问题、安抚情绪、坦诚致歉、适度赞美等方法是解决问题的关键，可以此缓解和释放客户郁闷或不快的心情，维持客户的心理平衡，改变客户的消极情绪。

多重情绪：多数情况下，客户投诉时的情绪并不是简单地表现为积极的或消极的，有时会出现满意或不满意、信任或怀疑等情况。因此，客服人员要尽可能地营造愉悦的气氛，保持专业友好的态度，积极引导客户情绪，并表明解决问题的决心。

3. 管理客户情绪的方法

（1）“何时”法提问。

在气头上的发怒者是无法进入“解决问题”状态的，首先要平息对方的怒气，可用“何时”法提问来缓和投诉客户的负面情绪。

例如，客户：“是你们根本不负责任才导致了今天的烂摊子！”

客服：“给您造成的不便，我们非常抱歉，您什么时候开始感到我们没能及时替您解决这个问题？”

（2）转移话题法。

当客户处于愤怒的消极情绪时，可以抓住其中有关的内容扭转方向，缓和气氛，把注意力从客户的消极情绪转移到其他方面上。

例如，客户：“你们这样把我的生活全搅乱了，我上有老下有小啊。”

客服人员：“我理解您，您的孩子多大了？”

（3）间断转折法。

当客户情绪激动，较难处理时，可以暂时礼貌停止对话，特别是客服人员想要找有决定权的上级做决定或变通时。

例如：“请稍等，我向领导请示一下，看还可以怎样更好地解决这个问题。”

4. 客户情绪有效管理

客服人员应具有良好的心态，积极应对客户的情绪，遇事冷静、认真分析、深入思考，学会管理好自我情绪，处理好客户的情绪压力，安抚并有效引导客户。

（1）自我调整情绪——控制自己的情绪（尊重、理解、积极诚恳、严肃认真）；改变客户的暴躁心态（平息愤怒、控制、引导）。

（2）鼓励客户发泄——坚决避免发生争论（耐心倾听，表达对客户的同情理解）；

心理上的宣泄（清除怨气，心理平衡）。

（3）同情客户遭遇——运用同理心站在客户角度，设身处地理解客户的情绪，感同身受地明白及体会其处境及感受。将心比心（诚心诚意表示理解，承认过失）；感觉到理解（心情和态度都会缓和）。

（4）安抚客户情绪。

把自己当成倾诉对象，有必要让客户知道你重视他，非常理解他的心情，关心他的问题，乐于提供帮助。让客户感到安全，从而消除对立情绪，形成依赖感。

（5）愿意提供帮助——体贴地表示乐于提供帮助，迅速响应客户的要求（不能单纯地同情、理解，要迅速地给出解决的方案）。

5. 客服人员情绪自我控制方法

客服人员是客户最直接的面对者，也是情绪传递的最直接媒介，客户情绪从平稳到焦急，从气愤到满意，从快乐到哀伤，各不相同，客服人员应注意及提高自身情绪的管理能力，不受客户情绪的影响，保持情绪的稳定和积极状态。

5－2－3 微课
“有效控制情绪的方法”

（1）自我暗示法：通过积极的自我暗示、自我鼓励，进行自助的方法。进行自我激励，学会理智控制自己的情绪，遇事不要冲动。

（2）心理换位法：换位思考，站在对方的角度思考、分析问题，体会别人的情绪和思想，有利于消除和防止不良情绪。

（3）深呼吸法：通过由慢而深的呼吸方式来消除紧张，降低兴奋水平，使激烈波动的情绪逐渐稳定下来。

（4）升华转化法：发掘调动思想中的积极情绪，培养远大的目标，从大局考虑，抵制和克服消极情绪，将烦恼和忧愁等消极情绪转化为积极的行动。

学习情境

◆ 情境一 ◆

根据案例，进行角色扮演。

某日，某商场客服中心，顾客李小姐投诉说从商场购买的某某酸牛奶中喝出了苍蝇。投诉的内容大致是：顾客李小姐从商场购买了某某酸牛奶后，去餐馆吃饭，饭后李小姐随手拿出酸牛奶让自己的孩子喝，自己则在一边跟朋友聊天，突然听见孩子大叫：“妈妈，这里有苍蝇。”李小姐寻声望去，看见小孩喝的酸牛奶盒里（当时酸奶盒已被孩子用手撕开）有一只苍蝇。

该购物广场顾客服务中心的客服人员立即前来处理，把顾客请到接待室交谈，及时安抚客户愤怒的情绪，运用同理心一边道歉一边询问事情的经过。询问重点：①发现苍蝇的地点（确定餐厅卫生情况）；②确认当时酸牛奶包装盒状态（是撕开状态还是插吸管的封闭状态）；③确认当时发现苍蝇时是否是小孩先发现的，大人未留意；④询问在以前购买该品牌酸牛奶时有无相似情况。根据询问状况，稳定客户情绪，做出回应及承诺，及时处理问题。

◆ 情境二 ◆

客户张先生反映在家中使用某通信公司手机号码拨打电话时要加上区号，由于具体情况不了解，一直没放在心上。后因其办理其他业务，去营业厅打印清单时才发现一直在使用手机的漫游信号，产生很多费用，张先生情绪非常激动。假如你是营业厅的客服人员，应如何应对客户的投诉，解决问题。

客服人员应运用同理心，安抚客户的情绪。

（1）客服人员站在客户的角度，对客户提出的问题表示理解。

（2）专心聆听客户的讲话，体现对客户的尊重。

（3）正确辨析客户的情绪，使客户的情绪从激动到平和。

（4）能够按照业务规则处理客户的投诉问题。如查实原始清单和相关边界漫游数据，确认客户所反映问题的真实性；处理客户提出的赔偿问题，并且让客户感到满意。

参考：

客户：“你们公司不断收取高额话费，我非常不满，你们要给予合理的解释和赔偿。”

客服：“张先生，我非常理解您此时此刻的心情，我们马上为您处理这个问题。”

客户：“你快点吧。”

客服：“张先生，对于这个问题给您带来的不便，我向您道歉。以前也遇到过类似的情况，这种情况只有在边界地点才会出现，而且情况难以完全把握，并非我们公司有意隐瞒。张先生，您是一个非常明白是非的人，对于这个问题我想您一定可以理解，对吗？”

客户：“是这样。”

客服：“张先生，您反映的这个问题，我真的很想立刻就能帮您解决，但是涉及网络方面的问题，需要相关部门来协助处理，不过请您放心，我们会以最快的速度来帮您解决。”

客户：“那需要多长时间啊？”

客服：“我们会在 24 小时内给您一个满意的回复，好吗？”

◆ 情境三 ◆

根据案例，进行角色扮演。

王女士在某电商平台购买了华美衣尚品牌服饰的秒杀产品——一款春季新款连衣裙，收到货物后，发现连衣裙的右肩部脱线，客户嫌退货较为麻烦，自己可以简单进行缝制处理，但仍然较为气愤，于是拍照上传至平台进行投诉。

该平台售后服务客服人员利用平台及电话与客户进行沟通，及时安抚客户的激动情绪，并诚恳道歉，稳定客户情绪，以及做出回应及承诺，及时处理问题。

活动设计

1．活动条件

客服工作台、接待室、常用办公工具、“客户投诉登记表”“客户投诉处理记录表”。

2. 活动组织

（1）4 名学生为一组，1 人作为客服，1 人作为客户，2 人作为评价员。
（2）每组按照不同情境模拟题进行实训，角色可以轮换操作。
（3）完成一轮实训后，评价员点评纠错，再进行第二轮情境训练。

3. 注意事项

在办公环境内不能大声喧哗，避免影响其他在岗客服人员工作，避免影响现场其他客户。

4. 活动实施

活动实施见表 5－2－1。

表 5－2－1　活动实施

序号	步骤	操作及说明	服务标准
1	鼓励发泄，判断客户情绪	通过面部表情和语音语调识别客户的情绪。	（1）耐心倾听，避免发生争论。 （2）正确辨析客户的情绪。
2	自我调整，安抚客户情绪	自我情绪调整。 根据不同投诉客户情绪，用适当情绪管理法安抚客户，使其从激动到平和。	（1）保持情绪的正常和积极状态。 （2）运用同理心，话术规范，礼仪得体，态度真诚。 （3）能用适当情绪管理法安抚客户。
3	解决问题，应对客户情绪	表示乐于提供帮助，迅速响应客户的要求。 如："我非常理解您此时此刻的心情，我们马上为您处理这个问题"。 对于能马上解决的问题，提供选择方案。 对于不能马上解决的问题，诚实向客户承诺反馈时间。	（1）语言规范，态度真诚。 （2）保持冷静，理性判断。 （3）业务熟悉，应变能力强。
4	道歉并感谢，平息客户情绪	再次为给客户带来的不便表示歉意。 感谢客户对于企业的信任和惠顾。 向客户表谢意，让我们发现问题，知道自己不足。 向客户表决心，让客户知道我们会努力改进工作	语言规范、态度真诚

活动评价

活动评价见表 5－2－2。

表 5－2－2　评价表

评价标准	评价（是/否）		
	情境一	情境二	情境三
保持情绪的正常和积极状态			
能用适当情绪管理法安抚客户			
运用同理心，话术规范，礼仪得体，态度真诚			
熟悉业务，应变能力强			
能使用标准话术安抚客户情绪（注意打字录入速度，做到及时回应）			
能准确提取客户投诉期望			
能及时回应客户并承诺解决问题			

知识链接

完成下列测试，自我评估一下你处理客户投诉情绪管理的技能水平。

得分说明：1 = 从不这样　2 = 极少这样　3 = 有时这样　4 = 通常这样　5 = 总是这样

表 5－2－3　投诉处理情绪管理技能评估表

投诉处理表现	分数				
A：我觉得我能够平息大多数顾客的不满	1	2	3	4	5
B：遇到投诉的顾客时，我：					
保持平静，不被对方的情绪引导	1	2	3	4	5
不去打岔，注意倾听	1	2	3	4	5
专心于他或她所关心的事情	1	2	3	4	5
面对口头人身攻击时不采取对抗姿态	1	2	3	4	5
减少文书工作和电话的干扰	1	2	3	4	5
外表穿着合体，显得很专业	1	2	3	4	5
面部神情专注	1	2	3	4	5
和对方对视时显得很自信	1	2	3	4	5
耐心听完对方的全部叙述后再做回答	1	2	3	4	5
适当做些提示	1	2	3	4	5
表现出对对方情感的理解	1	2	3	4	5
让他或她知道自己乐意给予帮助	1	2	3	4	5
知道什么时候请上司或专业人士解决问题	1	2	3	4	5
语言礼貌、诚恳而又不失去原则	1	2	3	4	5
不采取用给对方火上浇油的措施，使矛盾激化	1	2	3	4	5
避免指责公司的其他部门或同事，不推卸责任	1	2	3	4	5

续上表

投诉处理表现	分数				
C：投诉的顾客离去后，我：					
能控制自己的情绪，调节心理平衡	1	2	3	4	5
不多次讲述所发生的投诉给别人听	1	2	3	4	5
尽快分析原因，总结经验教训，采取改进措施	1	2	3	4	5

你的分数：______

你的改进措施：______________________________

强化训练

小组合作完成以下任务：客户张女士在星之光商场购买了一袋5 kg的××牌面粉，回到家使用时发现里面生有黑色小虫，张女士十分气愤，来到商场客户服务部投诉，张女士认为大商场产品质量应该有保证，如此不值得信任，应该广而告之！扬言要在媒体上曝光。

请根据提供的情境，有效管理客户情绪和自我情绪，设计对话，进行角色扮演，将过程拍摄制作成小视频，提交作业。

职业能力　5-2-2　能运用一般投诉处理规则和方式处理客户投诉

学习目标

1. 能运用一般投诉处理规则和方式处理客户投诉。
2. 能准确填写“客户投诉处理记录表”等相关表格。

核心概念

投诉处理：是处理客户投诉最重要的一个环节，投诉处理原则就是要让每一个投诉事件的处理方式具有一致性并解决问题。如果同一类型的客户投诉因为处理人员的不同而有不同的态度与做法，势必会让客户丧失对企业的信心。

图5-2-2

5-2-4　微课
“客户投诉处理流程”

基础知识

1. 解决客户投诉的一般性原则

在与投诉客户交流沟通的过程中，客户投诉处理者应该遵循“8F”原则。

（1）事实（Factual）——承认事实真相。

（2）第一（First）——第一时间对问题做出反应。

（3）迅速（Fast）——迅速果断地处理顾客投诉。

（4）坦率（Frank）——不要躲闪，要坦诚。

（5）感觉（Feeling）——与客户分享你的感受。

（6）论坛（Forum）——与客户建立信息传递。

（7）灵活性（Flexibility）——沟通的内容应关注事态的变化。

（8）反馈（Feedback）——对外界变化及时做出反馈。

5-2-5　微课
“客户投诉处理技巧”

2. 处理投诉一般性技巧

处理投诉的一般性技巧具体有转移法、谅解法、3F 法、引导征询法等。

(1) 转移法。

客户在情绪激动，心中不满时，应通过规范语言和行为举止的沟通方式向客户表达遗憾、同情之情，特别是在客户愤怒和感到委屈的时候给予一种精神安慰。使客户敞开心扉，恢复理智，建立信任。

(2) 谅解法。

接受客户的投诉时，应迅速核定事实，并向客户表示歉意，安抚其情绪，尽量用客户能够接受的方式取得客户的谅解。以便更好地与客户沟通取得客户的认同。

例如，避免说："您说得很有道理，但是……" 而应该说："我很同意您的观点，同时我们考虑到……"

(3) 3F 法。

3F 法是对比投诉客户和其他客户的感受差距，应用利益导向的方法取得客户谅解的一种沟通技巧。

客户的感受 (Feel)：我理解您为什么会有这样的感受……

别人的感受 (Felt)：其他客户也曾经有过同样的感受……

发觉 (Found)：不过经过说明后，他们发觉这种规定是保护他们的利益，您也考虑一下好吗?

(4) 引导征询法。

为了平息客户不满，主动了解客户的需求和期望，取得双方认同并可接受的沟通方法。

3. 投诉处理的基本流程

(1) 倾听并理解客户，安抚客户情绪，积极有效地引导。

(2) 分析客户投诉的原因。

(3) 提出并实施有效的解决方案。

(4) 与客户进行沟通反馈。

(5) 定期跟踪回访。

学习情境

◆ 情境一 ◆

客户赵女士购买了某化妆品公司的一款美白产品，使用后，皮肤出现红肿现象，赵女士情绪十分激动，于是打电话进行投诉，并扬言要在网上公布自己的购物经历。客户服务部接待专员已安抚客户并填写了"客户投诉登记表"，如果你是客户服务中心投诉处理专员，你该怎样做?

◆ 情境二 ◆

张先生购买了一辆某品牌轿车，半年后发生自燃，车辆已报废，造成了巨大的经济损失。张先生联想到该车曾在使用过程中多次出现电路故障，让其对汽车自燃原因心存疑虑，多次致电厂商沟通，厂商工作人员到现场对车辆残骸进行拍照，并承诺在15个工作日给予回复。在此过程中，张先生一直向厂商了解处理进展，但厂商却答非所问，只是声称会配合他与保险公司洽谈，这让张先生非常茫然。于是，张先生在万般无奈之下向汽车投诉网发出求助，希望能够得到网站的帮助。在接到张先生的投诉求助后，汽车投诉网在第一时间将信息转交给汽车生产厂家，但遗憾的是，张先生仅等来了一纸措辞简单的鉴定书：经鉴定，火灾与产品质量无关。与此同时，张先生终于拿到当地消防部门的火灾鉴定报告，此次火灾事故的原因认定为：排除外来火源、纵火和遗留火种，不排除电器或电路故障导致。张先生情绪十分激动，已多次来到汽车公司进行投诉，客户服务部接待专员已安抚客户并再次填写了“客户投诉登记表”，如果你是客户服务中心投诉处理专员，你该怎样做?

◆ 情境三 ◆

如果你是客服专员，当遇到客户十分暴躁并不断发火、指责时，请用“转移话题”的方法，抓住其中的有关内容扭转方向，缓和气氛。

客户：“你们这么搞把我的日子彻底搅乱了，因为你们的失误让我承担了多么大的损失？你们倒是没任何影响，可我还上有老下有小啊!”

客服：“先生，我特别地理解您，您的孩子多大啦?”

客户：“今年3岁啦!”

客服：“应该特别得可爱吧！先生，您别着急，让我看看该如何帮助您，我是很愿意为您解决问题的!”

客户：“我非常气愤!”

客服：____________________________________

请适当补充对话，缓和气氛，解决问题。

活动设计

1. 活动条件

客服工作台、常用办公工具、接待室、工作计算机及相应办公系统等、“客户投诉处理记录表”、“客户投诉处理通知书”。

2. 活动组织

（1）4名学生为一组，1人作为客户，1人作为客服投诉专员，1人作为客服投诉主管，1人作为评价员。

（2）每组按照各自不同的情境模拟题进行实训，每个角色轮换操作。

（3）完成一轮实训后，大家点评纠错，再进行第二轮情境训练。

（4）能根据客户投诉处理技巧解决投诉问题，举一反三。

3. 注意事项

客户投诉后期望得到公平的对待，公司希望消除不良影响，因此，要形成“双赢”

的局面。

4. **活动实施**

活动实施见表5－2－4。

表5－2－4 活动实施

序号	步骤	操作及说明	服务标准
1	倾听并安抚客户情绪	明确客户问题所在。	聆听、记录、沟通。
2	认同客户感受，了解客户需求	当客户因投诉问题出现烦躁、失望、愤怒等情绪时，要及时安抚客户并认同客户的感受，拉近距离。	及时有效地处理客户情绪，与客户内心同步，了解客户真正的问题所在，找到合适的交流方式。
3	运用适当的方法，引导客户思绪，化解客户愤怒情绪	适时运用转移话题，间断转折等方法引导客户，传递愿意向客户提供帮助的意愿。	站在客户的角度去思考问题的有效解决途径。
4	将解决问题作为客户投诉工作的“灵魂”。 采取有效行动，迅速提出解决方案。客户同意后，抓紧实施并保证效果	（1）为客户提供选择，常规问题提出常规处理方案；特殊问题，需听取上级处理意见并及时告知客户。 （2）及时对客户承诺，表明解决问题的诚意。 （3）适当给客户补偿	根据投诉事件的性质，形成有效的解决方案并及时反馈给客户

活动评价

活动评价见表5－2－5。

表5－2－5 评价表

评价标准	评价（是/否）		
	情境一	情境二	情境三
能根据“客户投诉登记表”及时进行复核			
能根据产生客户投诉的原因，填写复核意见			
能界定投诉问题程度并转呈至相关部门处理			
能及时向客户进行处理结果反馈			
能及时安抚客户情绪			
能用“转移话题”的方法，抓住对话中相关内容，扭转方向，缓和气氛			

知识链接

客户投诉处理话术

- 我非常理解您的心情。
- 我理解您的生气，换成是我也会跟您有一样的感受，这件事情我是站在您这边的。
- 请您不要着急，我非常理解您的心情，我们一定会竭尽全力为您解决的。
- 如果我碰到您的这样的麻烦，也会是您现在这样的心情，我可能比您还着急生气呢！
- 发生这样的事，给您带来不便了，我们先把您的问题解决，后续我们再来调查这个问题，您放心吧！
- 我非常理解您的心情，请放心，我们一定会查证清楚，给您一个满意的答复。
- 您好，给您带来这么多的麻烦实在是非常抱歉，如果我是您的话，我也会很生气的，请您先消消气，给我几分钟时间给您说一下这个原因可以吗？
- 您对我们业务这么熟悉，肯定是我们的老客户了，不好意思，我们出现这样的失误，太抱歉了。
- 我觉得可能是我们的沟通存在误会。
- 可能是我未解释清楚，令您误解了。
- 我知道您一定会谅解的，这样做就是为了确保像您一样对我们公司有着重要意义的忠诚顾客的权益，我建议您先注册，这样不耽误您的后续事情。
- 非常感谢您这么好的建议，我们会向上级反映，因为有了您的建议，我们才会不断进步。
- （客户不满意但不追究时）谢谢您的理解和支持，我们将不断改进服务，让您满意。
- 谢谢您的反映，该问题一向是我公司非常重视的问题，目前除了××可以受理外，我们还提供了其他渠道，也希望您如果有更好的建议也可以提供给我们。
- 尽管我们目前暂时无法立刻去处理或解决这件事情，但我可以做到的是……
- 如果您对我的解释不满意，可以提出您的解决方案，我这边尽力跟公司去申请。(在与客户沟通陷入僵局时）。
- 我们会将您反映的问题与相关部门联系，请您留下联系电话，我们将在×小时内给您答复。

客户投诉处理表

表 5－2－6

客户投诉受理编号：

通知部门			
部门负责人			
通知方式及联系信息	□电话 □电子邮件	电话号码	
		邮箱地址	
调查结果			
差错责任方			
客户要求			
处理结果			
备注			

强化训练

客户王小姐反映，在商场里看到海报上标示购物满 88 元送小包装食用油一瓶，付款后到赠品处领取时被告知赠品已送完。王小姐将所购买的商品退货，并要指控商场有欺骗顾客的行为。

商场处理参考：

（1）到卖场查核是否贴有此海报，并看海报上是否有注明“送完即止”字样。

（2）可向服务台经理或市场部经理反映，看能否用其他赠品代替送给顾客，并向顾客道歉，取得顾客的谅解。

请扫码听投诉对话，根据情况完成投诉处理对话，安抚客户情绪，及时解决问题。

5－2－6
商场客户投诉

工作任务 5-3 跟踪反馈

职业能力 5-3-1 能进行投诉反馈跟踪并填写投诉处理反馈表

学习目标

1. 能按规范对客户进行投诉反馈。
2. 能按规范对投诉客户进行跟踪服务。
3. 能正确填写投诉反馈信息表。

核心概念

跟踪反馈： 企业对客户的投诉给出处理意见或解决方案后，客服人员能向客户进行投诉反馈，并在规定时间内联系客户，进行跟踪服务，了解解决方案是否执行，是否还有其他问题，客户是否满意，以便获得客户的最终反馈。跟踪服务可以确保客户投诉问题的解决，也有助于完善企业的客户投诉处理制度。

(a)

(b)

图 5-3-1

基础知识

1. 客户投诉反馈方式

一般投诉内容和等级不同，投诉处理时间也不同，如投诉内容接待客服能立即处理并使客户满意的，可以直接向客户进行答复；如不能立即处理，需要在规定的时间内与客户沟通，并进行投诉反馈。反馈方式包括面对面的反馈、电话反馈、电子邮件反馈、其他新媒介的反馈等。

2. 投诉反馈的内容

（1）投诉反馈内容可以是投诉处理结果、投诉处理解决方案或者投诉处理建议。

（2）道歉及感谢客户：

第一句话是再次为给客户带来的不便表示歉意。

第二句话是感谢客户对企业的信任和惠顾。

第三句话是向客户表谢意，让我们发现问题知道自己的不足。

第四句话是向客户表决心，让客户知道我们会努力改进工作。

3. 投诉跟踪服务及注意事项

跟踪服务可以通过打电话、发电子邮件、信函或其他新媒介进行。

（1）根据处理时限的要求，跟进解决方案是否执行以及执行的进程。

（2）关心询问客户对处理结果的满意度。

如客户对解决方案不满意，回访后对反馈的意见、要求、建议及时逐条整理综合、研究、妥善解决，做好反馈。

（3）总结接收到的信息，并确认理解。

当客户结束反馈后，重复对方反馈的内容和观点，保证客服人员正确理解客户传递的信息。

4. 客户投诉处理反馈表

客户投诉处理反馈表主要内容包括时间、反馈形式、客户满意度、客户反馈意见等。

表 5－3－1　客户投诉处理反馈表

<table>
<tr><td>受理时间</td><td>年　月　日　时　分
星期</td><td>首次受理人及单位</td><td></td></tr>
<tr><td>受理方式</td><td>电话□　信函□　来访□</td><td colspan="2">传真□　邮件□　其他□</td></tr>
<tr><td>投诉性质</td><td colspan="2">轻微投诉□　重要投诉□　重大投诉□</td><td>首次受理人电话：</td></tr>
<tr><td>投诉内容</td><td colspan="3"></td></tr>
<tr><td>部门核实结果（处理意见）</td><td colspan="3">签名（盖章）　年　月　日</td></tr>
</table>

续上表

企业核实结果（处理意见）	签名（盖章） 年 月 日
投诉处理反馈	
时间 年 月 日 时 分（星期 ）	
形式电话□ 信函□ 来访□ 传真□ 邮件□ 其他□	
客户满意度 满意□ 不满意□ 一般□ 较差□ 非常差□	客户签名：
客户对处理结果的反馈意见	
负责人意见	签名（盖章） 年 月 日

学习情境

◆ 情境一 ◆

顾客陈小姐购买了一盒玉兔牌燕窝，吃后肚子痛，怀疑商品存在质量问题是假货，陈小姐已经吃了两瓶，到客服中心投诉要求退款。

对客户投诉的处理方案：

1. 询问顾客购买时间，了解产品上的有效期。

2. 对顾客的身体状况表示关心，如有不适需到医院就医，并暂时停止服用。

3. 告知产品都是来自合法的供应商，销售以来未有顾客反映过此情况，并请顾客最好不要空腹食用。并对因为开封食品没有质量问题不能做退货处理表示歉意。

请根据上述情境完成投诉反馈及跟踪服务。（角色扮演）

（1）可采用电话的方式进行投诉反馈。

（2）先确认对方的投诉意愿，再询问对处理方案的反馈意见，注意客服话术。

（3）如果客户对处理方案满意，则表示感谢；如果客户对处理方案不满意，了解不满意的原因并做出解释，以得到客户的理解。

◆ 情境二 ◆

顾客章先生在网上商城购买了两罐同样的茶叶，收到货后发现两罐茶叶的包装不相同，有一罐的包装看起来好像特别陈旧，怀疑是假冒商品，于是提出投诉。

商城对投诉的处理方案：

客服人员向章先生出示供应商资质证明，表明商品上面都有注册商标、有效期、产地等，包装不同，是因为出厂日期不同、批次不同，两个批次都是正品。并告知章先生如有假冒，商城除了按国家有关法规赔偿外，还按该商品单价的10倍奖励顾客。

请根据上述案例获得客户的反馈。

（1）可现场获取客户反馈信息。

（2）先确认对方的投诉意愿，再询问客户对处理方案的反馈。注意接待礼仪、肢体语言，使用正确的客服话术。

（3）如果客户对处理方案满意，则表示感谢；如果客户对处理方案不满意，了解不满意的原因并做出解释以得到客户的理解。

◆ 情境三 ◆

客户投诉某电信公司网速太慢，经核实属于客户端硬件问题，客服人员提出解决方案并安排技术人员上门完成维修，请根据上述案例进行跟踪服务。

（1）可现场获取客户反馈信息。

（2）先确认对方的投诉意愿，再询问对处理方案的反馈。注意接待礼仪和肢体语言，使用正确的客服话术。

（3）如果客户对处理方案满意，则表示感谢；如果客户对处理方案不满意，了解不满意的原因并做出解释以得到客户的理解。

活动设计

1. 活动条件

客服工作台、接待室，“客户投诉处理表”、《客户投诉反馈管理制度》、“客户投诉处理反馈表”、常用办公工具。

2. 活动组织

（1）4名学生为一组，1人作为客服人员，1人作为客户，2人作为评论员。

（2）每组按照各自不同情境模拟题进行实训，每位角色轮换操作。

（3）完成一轮训练后，大家点评纠错，再进行第二轮、第三轮情境训练。

3. 注意事项

在办公环境，接待室内避免大声喧哗，影响其他在岗客服人员正常工作，安抚客户情绪。

4. 活动实施

活动实施见表5-2-2。

表 5－3－2　活动实施

序号	步骤	操作及说明	服务标准
1	获取客户投诉反馈意见	根据《客户投诉反馈管理制度》当场处理获得客户反馈，当场不能处理在规定时效内进行事后反馈。获取反馈意见要具体、明确、有效。	（1）态度真诚，语气温和，耐心倾听不打断。 （2）虚心听取意见，诚恳接受批评，采纳合理化建议。
2	跟踪服务	跟进解决方案是否执行及执行的进程；了解客户的满意度。	（1）能准确了解客户的要求及建议。 （2）业务熟悉，用语规范。
3	记录客户反馈内容	记录客户关键问题，填写“客户投诉反馈表”	（1）总结接收到的反馈信息，并确认理解。 （2）详细记录反馈内容

活动评价

活动评价见表 5－3－3。

表 5－3－3　评价表

评价标准	评价（是/否）		
	情境一	情境二	情境三
能使用规范客服话术			
能获取客户投诉的反馈意见			
能分析客户的反馈意见			
能记录客户的反馈意见			
能准确了解客户的要求及建议			
业务熟悉，用语规范			

知识链接

客户投诉跟踪反馈的意义

1. 加强管理服务中心与客户的联系，及时为客户排忧解难。
2. 促进不断改进服务，提高客户的满意度，使投诉的顾客成为忠诚的顾客。
3. 可以了解客户对处理意见的满意度，作为改进投诉处理制度的依据。
4. 可以减少纠纷，有助于树立公司品牌形象，是争取客户的重要手段。

强化训练

2021 年 1 月 13 日，客户吴先生向某银行客服中心电话投诉，反映营业厅柜台少、排队时间长、工作人员业务水平差、办理业务慢。吴先生忘记银行卡密码要修改密码，但银行工作人员没有告知吴先生办理业务所需手续和要准备的材料，致使吴先生连跑两天都没能办好，客服经理刘小姐回复吴先生的投诉：

（1）营业厅有自助办理机，有些业务可以在自助机上办理，不需要柜台办理，这样可以减少排队时间。

（2）安排大堂经理协助客户在自助机办理业务，减少客户排队时间。

（3）加强柜台工作人员培训，对责任工作人员进行处罚。

请根据上述案例进行情境模拟，录制视频或音频，并填写“客户投诉处理反馈表”。

职业能力 5-3-2 能对相应的投诉问题进行整理归纳

学习目标

1. 能及时对客户投诉问题进行归类。
2. 能对投诉过程的相关资料进行总结归档。

核心概念

投诉问题归档： 客服人员将客户投诉单据收集、整理、汇总并分类，通过系统分析及总结发现服务的薄弱环节，总结经验，吸取教训，挖掘客户需求的过程。

图 5-3-2

基础知识

客户投诉问题的归纳与总结是联系客户与企业的纽带，是十分重要的信息通道，客户投诉过程的及时总结十分重要。对客户投诉过程中所涉及的相关表格——客户信息、服务档案等是客户服务档案中最关键和最基础的档案内容，是企业数据信息的基础来源。客户投诉问题的归纳整理对企业进行客户后续分析和产品、运营策略的研发、调整有着极其重要的意义。

1. **客户投诉资料汇总、分类**

客服人员将各个部门接收到的客户投诉单汇总，进行收集、整理，并根据投诉原因不同进行分类统计。

2. **客户投诉资料分析**

从投诉资料中发现服务的薄弱环节，总结经验，吸取教训，挖掘客户需求。

3. 客户投诉资料归档

客服人员将客户投诉资料整理完毕后，按照年份月份进行汇总，归档到相应的文件夹或文件盒中，按照公司相关规定进行存档保管，保存期一般不得少于2年。

4. 总结统计

客户服务部门定期对客户投诉问题的处理情况进行汇总和统计，填写“客户投诉分析统计表”，具体内容见表5－3－4。

表5－3－4 客户投诉分析统计表

日期	编号	客户姓名	投诉内容	责任单位	处理方式					损失金额	备注
					赔偿	退换货	优惠券	折价	其他		

5. 改进工作

客户服务部根据客户投诉过程中形成的各种表格和记录，改进客户服务流程和管理制度。

6. 加强培训

客户服务部根据相关制度和规范对客户服务人员进行培训，提高其客户服务意识和工作能力。

学习情境

◆ 情境一 ◆

你是一名客服专员，近日，你对一起投诉事件进行投诉过程的总结，整理出相关内容如下：

事由：兴瑞电子科技有限公司负责人赵先生来电反映，目前网站已经将近两个星期无法打开了，广告投放也停止了将近两个星期。因临近年底是客户的销售旺季，客户损失非常大，要求赔偿在这段时间的损失。客户已经提供相关资料，并早已传真给公司的客服人员，要求网站马上打开。

沟通时间：一个工作日内。

沟通人员：客户经理。

查证情况：了解客户投诉原因在于客户的网站前期没有备案，有关部门对网站进行了关闭。目前客户已经提交了营业执照、身份证复印件等相关资料，但因客户对网络操作不熟练，并且不知道备案流程，公司技术人员负责协助其进行备案工作。目前正在审核过程中，有关部门的答复是5个工作日内完成处理。

处理结果：安抚客户情绪，已告诉客户备案的相关事宜，一般都是由网站制作商进行备案，并明确解决问题的时限。客户反馈是可以接受。

根据上述信息，请及时整理并将投诉资料分类归档，总结并提出后续工作的改进建议。

◆ 情境二 ◆

耀环百货公司客户服务部人员经统计了解到，2020年9月至11月，耀环百货公司共收到投诉109起，比上一季度减少43件，同比下降28.3%。其中，关于促销员服务态度问题投诉62件，占56.8%；产品质量问题23件，占21.1%；市场促销活动问题14件，占12.8%；价格上涨问题3件，占2.7%；长期未解决（历史遗留）问题2件，占1.8%；其他问题5件，占4.6%。

如果你是该公司客服专员，你将如何进行投诉问题的归档整理工作，请将上述资料绘制成统计表格。

活动设计

1. 活动条件

客服工作台、常用办公工具、工作计算机及相应办公系统、档案盒、“客户投诉处理表”、“客户反馈意见表”等相关表格。

2. 活动组织

（1）4名学生为一组，2人作为客服投诉专员，1人作为客服投诉主管，1人作为评价员。

（2）每组按照各自不同情境模拟进行实训，每位角色轮换操作。

（3）完成一轮实训后，大家点评纠错，再进行第二轮情境训练。

（4）进行投诉过程的总结及对相关资料进行归档整理。

3. 注意事项

在总结的过程中，认真细致地进行客户投诉资料的整理。

4. 活动实施

活动实施见表5-3-5。

表5-3-5 活动实施

序号	步骤	操作及说明	标准
1	整理投诉过程中的相关资料，根据投诉处理情况进行分类。	按顺序逐一查看投诉过程的相关资料，明确投诉处理情况并及时进行分类。	明确各个处理环节的处理意见等相关信息。

续上表

序号	步骤	操作及说明	标准
2	根据客户投诉过程中的相关资料，进行排序归档。	对相关资料进行排序并归档。	认真、细致地进行整理工作。
3	根据归档资料及时总结经验	总结经验，找薄弱环节，改进措施	及时进行分析整理，仔细总结

活动评价

活动评价见表 5－3－6。

表 5－3－6　评价表

评价标准	评价（是/否）	
	情境一	情境二
能整理客户投诉的相关资料并及时进行归纳分类		
能将客户投诉过程中的相关资料进行排序归档		
能根据归档资料及时总结经验		
能根据统计数据进行归纳整理		
能分析数据产生的原因		
能绘制统计数据表格，作为后续工作改进的依据		

知识链接

客户投诉是每一个企业都会遇到的问题，企业在日常操作中发生客户投诉是不可避免的，所以对投诉问题的归纳总结是非常有必要的。客户投诉是客户对企业管理和服务不满的一种表达方式，也是企业有价值信息的来源。因此，企业如何利用处理客户投诉的时机而赢得客户的信任，把客户投诉而造成的损失减少到最小，把客户的不满意转化为客户满意，锁定他们对企业和产品的忠诚，获得竞争优势，已成为现代企业营销实践的重要内容之一。因此，对客户投诉处理过程的归纳总结，并提出合理化的改进措施是企业工作过程中十分重要的一环，要予以重视。

强化训练

华美装饰有限公司于 2020 年 12 月接到王女士的投诉：

装饰单位地址：万鑫家园二期 3 栋 2903 房。

装饰单位装修质量不过关情况：橱柜图纸 C11－103 位置开孔，实际未开；主卧浴室防水未做好，有渗水现象；阳台不锈钢机柜百叶窗高度尺寸偏低；百叶窗形状错；门铰链焊缝缺口不良；墙面油漆不平……

投诉原因：工程整改时间拖太久，整改已经进行一个多月仍然未全部解决。

投诉处理方案：15 日内逐项进行整改复核，指定整改责任人并全程跟进服务，装饰费用减免处理（装饰费用9.8 折）。

客户反馈为接受处理意见。

如果你是该公司客服专员，你将如何进行投诉问题的归档整理工作，请将上述情况整理并填写“客户投诉分析统计表”。

6

客户关系维护

工作任务 6-1 整理分析

职业能力 6-1-1 能整理客户信息并完善客户档案

学习目标

1. 能及时、准确建立客户信息档案。
2. 能对客户档案进行整理、更新和完善。

核心概念

客户信息：客户喜好、客户细分、客户需求、客户联系方式等关于客户的基本资料。

客户档案：企业在与客户交往过程中所形成的客户信息资料，或企业自行制作的客户信用分析报告，或全面反映企业客户资信状况的综合性档案材料。

图6-1-1

基础知识

6-1-1 微课"客户开发"

1. 客户信息的内容

（1）客户基础信息。它是企业所掌握的客户的最基本的原始信息，是应最先获取的第一手资料。这些信息的获取，主要是通过销售人员和客服人员进行的客户访问搜集起来的。

客户基础信息主要包括客户的名称、地址、电话；所有者、经营管理者、法人；创业时间、与本公司交易时间、企业组织形式、资产等方面。

（2）客户特征。主要包括个人性格、嗜好、家庭、学历、年龄、能力等，企业的服务区域、销售能力、发展潜力、经营观念、经营方针与政策、企业规模（职工人数、销售额等）、经营管理特点等。

（3）业务状况。主要包括目前及以往的销售实绩、经营管理者和业务人员的素质、与其他竞争公司的关系、与本公司的业务联系及合作态度等。

（4）交易活动现状。主要包括客户的销售活动状况、存在的问题、保持的优势、未来的对策；企业信誉与形象、信用状况、交易条件、以往出现的信用问题等。

2. 客户档案整理的方法

（1）建立客户资料卡。建立客户资料卡是客户档案整理的基础工作。一般采用电子存储或者卡片形式记录客户信息，方便填写、保管和查阅。

（2）分类整理客户资料。为方便查阅和利于本企业相关业务工作的开展，客户资料可选用以下几种方式进行分类整理。

①按照时间序列分类：老客户、新客户和未来客户。

②按照交易过程分类：曾经交易的客户、正在交易的客户和即将交易的客户。

③按照客户性质分类：政府机构、企业客户、个人客户和交易伙伴等。

④按照交易数量和市场地位分类：重要客户、一般客户和零散客户。

⑤按照客户地域分类：华北、华中、华东、华西和华南等。

（3）按期编码归档。客户资料整理后需要进行统一编码，按一定的归档期进行存档。归档时间间隔的长短一般有即时归档、月度归档、季度归档和年度归档四种。归档期可根据客户资料的特性和企业的归档制度具体确定。

3. 客户档案整理的原则

（1）统一管理。客户信息由公司（如客服部）统一管理，公司掌握的客户资料必须是最全面的、最准确的，营销部门、营销人员的客户资料必须在公司备案。

（2）动态更新。对于客户档案的信息要适时更新，因为客户本身的情况是在不断变化的，要及时了解客户的人事变动、经营和财务情况。

（3）分类完善。基于客户对企业的贡献度不同，档案资料的整理和完善应区别对待。对重点客户，档案资料要求更全面准确。

学习情境

◆ 情境一 ◆

如果你是某健身房的一名电话客服人员，某日接到王先生来电咨询健身产品套餐，王先生是一名牙科医生，住在广州市天河区，他刚从传单了解到本健身房信息，希望在办理月卡上能够获得更低折扣，手机号是1896698××××，请问你应该如何收集整理客户信息并归档？

（1）在介绍产品的同时，了解并记录客户的个人基础信息、个性特征、主要需求、联系方式等信息资料。

（2）及时填制“客户资料卡”。
（3）选择交易过程分类编码，存放于即将交易的客户的文件夹/柜内。
（4）将客户信息转交销售人员，并根据销售人员沟通后反馈更新客户档案内容。

◆ 情境二 ◆

如果你是某奢侈品店的客服人员，在例行检查客户档案时发现客户王小姐的档案信息因时间太长需要更新，应该如何进行客户档案的更新完善？

表 6－1－1

项目	原档案信息	变更后信息
联系方式	1598656××× ×	1596586××××
地址	广州市海珠区＊＊花园B××××房	广州市荔湾区＊＊豪庭三栋××××房
子女	无	儿子 11 个月
最近一次消费	2019 年 10 月 2 日 ××手提包 1.2 万元	2020 年 11 月 13 日 ××定制包 2.5 万元

（1）以公司某项客户回馈活动为切入点，重新收集第一手客户信息。
（2）与企业相关部门联系获取客户最新信息。
（3）调出客户档案，替换客户信息卡内容，补充完善客户档案。
（4）做好档案更新时间记录，以便定期检查客户档案。

活动设计

1. 活动条件

客服工作台、客服接待区、“客户资料卡”、必要的文具。

2. 活动组织

（1）大家分成 8 组，每组 6 人（根据班级人数进行调整）。2 人作为客服人员，2 人作为客户，2 人作为客服主管（评价员）。
（2）每组按照各自不同的两种情境模拟题进行客户资料收集实训，角色轮换操作。
（3）完成第一种情境训练后，大家及时点评纠错，再进行第二种情境训练。
（4）训练完成后总结并分享本组资料收集和填写模拟操作过程中的优缺点。

3. 注意事项

维持工作台面整洁，在集中办公环境内不能大声喧哗，避免影响其他在岗客服人员的正常工作。

4. 活动实施

活动实施见表 6－1－2。

表6－1－2　活动实施

序号	步骤	操作及说明	服务标准
1	做好档案信息收集整理的准备	打开电子版或纸质版的“客户资料卡”，准备必要的文具	资料准备齐全，无遗漏
2	填制“客户资料卡”	根据客户信息填制“客户资料卡”，并将资料录入计算机	（1）工作认真细致。 （2）收集的信息准确、完整。 （3）资料卡填写工整无错漏
3	分类整理“客户资料卡”，建立客户档案	（1）根据企业业务需求，按照一定标准将“客户资料卡”及相关资料进行分类。 （2）按照统一的规律对不同客户档案进行编码。 （3）将客户档案妥善存储	（1）分类标准明确。 （2）编码的条理清晰。 （3）客户档案存储位置合理。 （4）纸质资料保护得当
4	补充完善客户档案	检查客户档案，适时更新客户信息，补充完善客户档案	（1）工作主动及时。 （2）档案信息准确，资料齐备

活动评价

活动评价见表6－1－3。

表6－1－3　评价表

评价标准	评价（是/否）	
	情境一	情境二
能完整记录客户信息，无遗漏		
能整洁规范填写“客户资料卡”		
能合理选择客户档案的归类方式		
能条理清晰地编码		
能及时调整客户的档案		
能及时开展工作，主动性强		
能亲切自然地开展沟通，态度真诚		
档案信息能反映客户的真实情况，记录准确完整		
能完整填写档案内各项资料，符合时效要求		

知识链接

客户资料卡

表 6-1-4　个人客户资料卡

基本信息					
姓名		性别		年龄	
出生时间		籍贯			
身高		体重		五官特征	
婚姻状况		家庭住址			
电话（公司）		电话（家）		手机	
QQ		邮箱			
部门		职务		经营组织	
公司名称			公司地址		
教育背景					
毕业学校			专业		
大学得奖记录					
备注					
是否在意		其他教育背景			
家庭状况					
婚姻情况		配偶姓名		教育程度	
配偶兴趣				结婚纪念日	
子女姓名		子女年龄		子女教育	
子女喜好					
业务背景					
客户公司名称				职务	
公司地址				受雇时间	
对自己公司态度				事业目标	
未来的考虑					

续上表

客户兴趣					
性格		气质		思维	
嗜好		嗜好程度		度假方式	
话题			最得意的成就		
客户和你					
是否以自我为中心			决策力		
沟通客户的关键因素					
特殊的习惯					
消费时间	消费商品			金额	
联系时间	内容			备注	

表 6－1－5　企业客户资料卡

<table>
<tr><td>企业名称</td><td colspan="3"></td><td colspan="2">电话</td><td colspan="2"></td><td colspan="2">传真</td><td></td></tr>
<tr><td>所在地址</td><td colspan="3"></td><td colspan="2">邮编</td><td colspan="2"></td><td colspan="2">E-mail</td><td></td></tr>
<tr><td rowspan="3">企业决策领导</td><td>姓名</td><td colspan="2"></td><td colspan="2">出生年月</td><td colspan="2"></td><td colspan="2">家庭住址</td><td></td></tr>
<tr><td>性别</td><td colspan="2"></td><td colspan="2">籍贯</td><td colspan="2"></td><td colspan="2">电话</td><td></td></tr>
<tr><td>职务</td><td colspan="2"></td><td colspan="2">性格</td><td colspan="2"></td><td colspan="2">嗜好</td><td></td></tr>
<tr><td rowspan="3">主要管理人员</td><td>姓名</td><td>年龄</td><td>学历</td><td>部门</td><td>职务</td><td colspan="2">嗜好</td><td colspan="2">与决策层关系</td><td>备注</td></tr>
<tr><td></td><td></td><td></td><td></td><td></td><td colspan="2"></td><td colspan="2"></td><td></td></tr>
<tr><td></td><td></td><td></td><td></td><td></td><td colspan="2"></td><td colspan="2"></td><td></td></tr>
<tr><td>经营范围</td><td colspan="10"></td></tr>
<tr><td rowspan="3">主要竞争对手</td><td colspan="3">公司名称</td><td colspan="3">地　址</td><td colspan="2">性　质</td><td>负责人</td><td>经营范围</td></tr>
<tr><td colspan="3"></td><td colspan="3"></td><td colspan="2"></td><td></td><td></td></tr>
<tr><td colspan="3"></td><td colspan="3"></td><td colspan="2"></td><td></td><td></td></tr>
</table>

续上表

<table>
<tr><td rowspan="3">本公司产品竞争对手</td><td colspan="3">货源</td><td colspan="3">地址</td><td colspan="2">价格</td><td colspan="2">进货量</td><td colspan="3">所占比例</td></tr>
<tr><td colspan="3"></td><td colspan="3"></td><td colspan="2"></td><td colspan="2"></td><td colspan="3"></td></tr>
<tr><td colspan="3"></td><td colspan="3"></td><td colspan="2"></td><td colspan="2"></td><td colspan="3"></td></tr>
<tr><td rowspan="3">销售情况</td><td colspan="3">客户</td><td colspan="2">行业</td><td>责任业务员</td><td>政策</td><td colspan="2">用量</td><td colspan="3">技术要求</td><td>竞争对手</td></tr>
<tr><td colspan="3"></td><td colspan="2"></td><td></td><td></td><td colspan="2"></td><td colspan="3"></td><td></td></tr>
<tr><td colspan="3"></td><td colspan="2"></td><td></td><td></td><td colspan="2"></td><td colspan="3"></td><td></td></tr>
<tr><td rowspan="2">财务</td><td>开户行</td><td colspan="5"></td><td colspan="2">财务状况</td><td colspan="5"></td></tr>
<tr><td>资产负债率</td><td colspan="5"></td><td colspan="2">资产收益率</td><td colspan="5"></td></tr>
<tr><td rowspan="4">与本公司合作情况</td><td>时间</td><td>提货量</td><td colspan="2">价格</td><td colspan="2">金额</td><td colspan="2">任务进度</td><td colspan="3">回款</td><td colspan="2">相对合同价格浮动</td></tr>
<tr><td></td><td></td><td colspan="2"></td><td colspan="2"></td><td colspan="2"></td><td colspan="3"></td><td colspan="2"></td></tr>
<tr><td></td><td></td><td colspan="2"></td><td colspan="2"></td><td colspan="2"></td><td colspan="3"></td><td colspan="2"></td></tr>
<tr><td></td><td></td><td colspan="2"></td><td colspan="2"></td><td colspan="2"></td><td colspan="3"></td><td colspan="2"></td></tr>
<tr><td>备注</td><td colspan="13"></td></tr>
</table>

强化训练

小美是一名客服人员，她收到销售部的反馈，一名重要客户企业因更换采购商，在本公司的采购量已经连续 3 个月下滑，请问小美在进行客户档案整理时应如何处理？请梳理小美的工作流程。

职业能力 6－1－2 能根据客户档案进行客户分类

学习目标

1. 能根据客户档案进行客户分类。
2. 能根据客户内外条件变化调整客户分类。

核心概念

客户分类：根据客户档案，按客户对企业的价值和重要程度来区分客户，并建立科学动态的分类管理机制，从而为企业的资源分配提供依据。

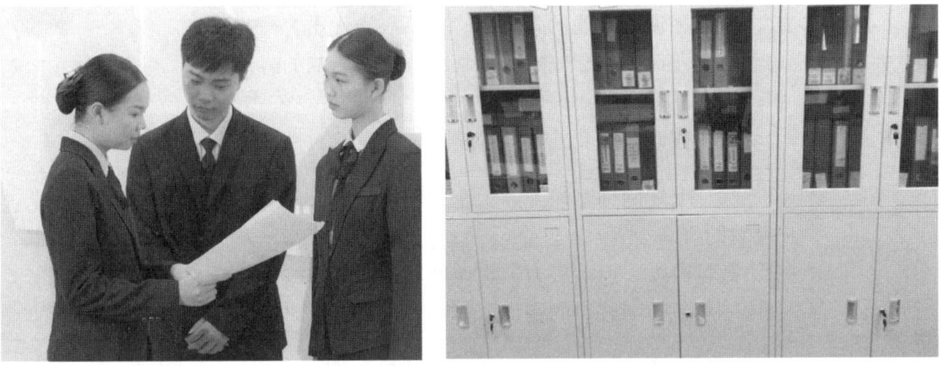

图 6－1－2

基础知识

1．客户分类的意义

客户分类既可实现企业内部对客户的统一有效识别，也可用于指导企业客户管理的战略性资源与战术性服务对策的应用。

准确的客户分类是企业有效实施客户关系管理的基础，通过对客户的分类管理，便于重点客户精细化管理及服务，更好地整合和利用客户资源，针对不同的客户提供不同的产品和服务。

（1）使重要客户自豪地享受企业提供的特殊待遇，并激励他们为公司创造更多的价值。

（2）刺激有潜力的次要客户和普通客户向重要客户看齐，以争取享受重要客户的待遇。

6－1－2 微课
“整理客户信息并完善客户档案”

（3）鞭策有潜力的小客户逐步向普通客户、关键客户看齐。

（4）伴随各级客户的提升，提高他们给企业创造的价值。

2. 客户的基本分类

依据客户的以往及现在的贡献度、未来的潜力挖掘等方面价值，可将全部客户分为以下四级。

表 6-1-6

序号	客户分类	客户分类的标准
1	重要客户	1. 在过去特定时间内消费额最多的前 5% 客户。 2. 经营稳健，做事规矩，信誉度好，对企业的贡献最大，能给企业带来长期稳定收入的客户。 3. 在行业中具有代表性和影响力的客户。 4. 后期具有巨大潜力的客户。 5. 值得企业花费大量时间和精力来提高满意度的客户
2	次要客户	1. 在特定时间内消费额最多的前 6% ~20% 客户中，扣除重要客户后的客户。 2. 一般来说是企业的大客户，但不属于优质客户。 3. 对企业经济指标完成的好坏构成直接影响的客户。 4. 后期具有巨大潜力的客户。 5. 企业应倾注相当的时间和精力，并有针对性地提供服务的客户
3	普通客户	1. 除了上述两种客户外，为企业创造最大价值的前 21% ~50% 客户，一般占客户总数的 30% 。 2. 数量较大，但购买力、忠诚度和能够带来的价值不及上述两种客户。 3. 一般包括新客户的咨询、休眠客户、老客户的挖掘等方面具有价值的客户
4	小客户	1. 除了上述三种客户外，剩下的 50% 的客户。 2. 一般包含利润低、信用低的小客户。 3. 购买量不多，忠诚度低，经常延期支付或不付款，经常提出苛刻的服务要求的客户。 4. 几乎不能给企业带来盈利的客户

备注：重要客户和次要客户构成了企业的关键客户，他们是企业的核心客户，一般占企业客户总数的 20% ，占企业利润的 80% ，是企业的重点保护对象。

3. 客户分类的调整

企业应依据客户的内外条件变化和公司客户服务能力及时进行客户分类调整，建立科学动态的客户管理体系，但调整周期不宜过频，原则上不低于半年。

学习情境

◆ 情境一 ◆

“甲天下”是一款专注服务于美甲师，集个人品牌展示、在线预约服务、点评和分享学习于一体的小程序。公司成立于2019年，年销售额3 000万元，目前美甲师客户总数约13万人。这款小程序对于美甲师的职业发展、客户维护与拓展都非常有帮助。作为客服专员，经理布置你在今天内完成以下任务：依据“甲天下”的客户档案（截取部分）对客户进行分类，并把确定的客户分类填入表格相应位置。

（1）仔细查阅客户档案。

（2）找出关键信息，对照客户分类标准，综合考虑（主要参考消费额），对客户进行分类。

（3）将确定的客户分类填入表格相应的位置。

表6－1－7　萌丽莎美甲制作（天河店）

企业名称	萌丽莎美甲制作连锁店	电话	400870××××	客户分类	
所在地址	广州市天河区天河南一路六运一街×号×××	邮编	512000	E-mail	
经营范围	美甲美睫	美甲师	100人	会员	80人
年消费额	30 000元	备注：美甲师人数较多，还有20%未开发，已开发的会员中需采取一定保留策略，部分会员会对比优惠政策，随时会选择价优的企业，消费额居前40%			

表6－1－8　至尚美甲（天河店）

企业名称	至尚美甲连锁企业	电话	020－3724××××	客户分类	
所在地址	龙洞又一城三楼××铺	邮编	512000	E-mail	
经营范围	美甲	美甲师	50人	会员	45人
年消费额	13 500元	备注：美甲师人数较多，还有10%未开发，已开发的会员中需采取一定保留策略，部分会员会价格比较敏感，随时会选择价优的企业，消费额居前50%			

表6－1－9　idol美容工作室

企业名称	idol美容工作室	电话	1331879××××	客户分类	
所在地址	兴安路保利中达1号楼天空别墅××××	邮编	512000	E-mail	
经营范围	美容美甲	美甲师	6人	会员	2人
年消费额	600元	备注：购买量不多，经常提出额外的服务要求，如延期付款、赠送礼品等要求			

表 6－1－10　广州市睫思美业科技有限公司

企业名称	广州市睫思美业科技有限公司	电话	020－8708××××	客户分类	
所在地址	天河北路×××号金田百货×楼	邮编	512000	E-mail	
经营范围	美甲美睫	美甲师	11 万人	会员	10 万人
年消费额	1 500 万元	备注：近 100 家培训机构或院校合作，主要是技术输出，经营稳健，行业口碑极佳。2019 年 3 月成为“甲天下”重要战略合作伙伴，睫思美业将把“甲天下”小程序植入服务里面，辐射全国各地，惠及 10 万名美甲师，是目前消费额居前 1% 的客户			

表 6－1－11　乐诗菲菲化妆品有限公司

企业名称	乐诗菲菲化妆品有限公司	电话	020－2217××××	客户分类	
所在地址	时尚天河地下商城×号门东区中一街×××号	邮编	512000	E-mail	
经营范围	研发、生产、美容、美甲	美甲师	5 000 人	会员	1 000 人
年消费额	200 万元	备注：广州乐诗菲菲化妆品有限公司是一家集研发、生产、销售、培训、服务等于一体的综合性美容化妆品企业，国内拥有广阔的分销网络，已建立起覆盖全国各大城市的 2 000 多个销售网点，在发廊、美容院、超市、百货商场、化妆品店均设有品牌专柜。该客户一直跟“甲天下”合作，未来会在美发市场推广“甲天下”，极具开发潜力，是目前消费额居前 15% 的客户			

◆ 情境二 ◆

2020 年广州乐诗菲菲化妆品有限公司发展迅猛，旗下人数美甲师直逼 3 万人，加入“甲天下”的会员发展至 2.5 万人，年销售额达 750 万元，消费额由原来居前 15% 跃升至前 5% 。作为客户专员，请你根据客户条件的变化对客户分类进行调整，并及时在客户档案中更新信息。

（1）仔细查阅客户档案。

（2）仔细对比关键信息，对照客户分类标准，综合考虑（主要参考消费额），对客户进行分类调整。

（3）将调整后的客户分类填入表格相应位置。

表 6－1－12　乐诗菲菲化妆品有限公司

企业名称	乐诗菲菲化妆品有限公司	电话	020－2217××××	客户分类	
所在地址	时尚天河地下商城×号门东区中一街×××号	邮编	512000	E-mail	
经营范围	研发、生产、美容、美甲	美甲师	3 万人	会员	2.5 万人
年消费额	750 万元	备注：广州乐诗菲菲化妆品有限公司是一家集研发、生产、销售、培训、服务等于一体的综合性美容化妆品企业，国内拥有广阔的分销网络，已建立起覆盖全国各大城市的 2 000 多个销售网点，在发廊、美容院、超市、百货商场、化妆品店均设有品牌专柜。该客户一直有跟“甲天下”合作，未来会在美发市场推广“甲天下”，极具开发潜力，是目前消费额居前 5% 的客户			

活动设计

1. 活动条件

客服工作台、客户档案、常用办公工具。

2. 活动组织

（1）大家分成 8 组，每组 6 人（根据班级人数进行调整）。

（2）每组按照第一批情境模拟题进行实训。

（3）完成一轮训练后，大家及时点评纠错，再进行第二轮情境训练。

3. 注意事项

在集中办公环境内不能大声喧哗，避免影响其他在岗客服人员的正常工作。

4. 活动实施

活动实施见表 6－1－13。

表 6－1－13　活动实施

序号	步骤	操作及说明	服务标准
1	查阅客户档案	调阅客户档案，查阅客户相关资料	充分了解客户基本状况、客户服务的相关记录和客户消费特点等
2	依据标准进行客户分类	根据客户档案，对照客户分类标准，综合考虑并对客户进行分类	能准确区分重要客户、次要客户、普通客户和小客户
3	标注客户等级	将确定的客户分类录入客户档案表格内的客户分类栏	准确将客户分类录入客户档案表格内的客户分类栏

活动评价

活动评价见表6-1-14。

表6-1-14 评价表

评价标准	评价（是/否）	
	情境一	情境二
能准备好客户档案，查阅客户相关资料，熟悉客户基本状况		
能根据客户档案，对照客户分类标准，综合考虑（主要参考消费额），对客户进行分类		
能根据客户内外条件变化调整客户分类		
能及时在客户档案中更新客户分类信息		

知识链接

关于客户分类的其他方法

（1）按照交易阶段分类：潜在客户、意向客户、成交客户、售后客户。

（2）按照会员制分类：会员客户和非会员客户等。

其中以本节的分类方法最为常用，叫法也各式各样，如一级客户、二级客户、三级客户、四级客户；A类、B类、C类客户等；而划分的依据也不是固定的，往往会因不同的行业、企业甚至同一企业不同阶段而有所不同，在实际操作中切忌一刀切的做法。

强化训练

请对身边的企业进行调研，看看企业对客户的分类标准是什么，分析这样划分的好处及不足是什么？

1. 企业对客户的分类标准是什么？
2. 好处。
3. 不足。

工作任务 6-2 回访客户

职业能力 6-2-1 能根据客户特点制订回访计划

学习目标

1. 能了解客户回访计划的内容。
2. 能撰写客户回访计划。

核心概念

客户回访计划： 客服人员在回访客户之前，要制订一个详细的工作方案，以提高工作效率，工作方案主要包括回访目的、回访范围、定期回访时间、回访方式、回访具体内容等。

图 6-2-1

6-2-1 视频“回访客户示例”

基础知识

1. 客户回访方案的关键点

（1）明确回访目的。回访的目的是了解客户对产品和服务的满意度，听取客户对本公司服务的合理化建议及意见，提高公司信誉，结合了解情况，适时向客户推介新业务并传播公司客户服务理念。

（2）确定合适的客户回访方式。目前客户回访的主要方式多采用电话回访，其他形式还有面谈、微信、E-mail、短信、传真、信函等。

（3）明确回访范围（对什么客户进行回访）。

（4）明确回访时间。一般来说，回访时间可确定为：第一次以业务确立后 5~7 天，第二次是 30 天，第三次是 3 个月后，第四次是 6 个月（半年跟踪期）。

（5）确定回访人员，根据业务情况确定由谁来进行回访任务。

（6）预计回访费用（仅适用于面谈）。

2. 明确客户回访具体内容

（1）客户满意度。

第一是物质层面，是客户满意度的基本层面。企业通过提供产品的使用价值来使客户感到物质上的满意。

第二是精神层面，是客户满意度的更高层面，是客户在消费企业提供的产品形式和外延的过程中产生的满意度。精神满意主要通过企业提供的产品的外观、色彩、品牌和服务等因素支持。

第三是社会层面，是客户满意度的最高层面，是客户在消费过程中所体验到的对社会利益和社会文化和谐的维护度。社会满意主要依靠产品所蕴含的道德价值、社会文化价值和生态价值来实现。

（2）听取客户对本公司服务的合理化建议及意见，以制定客户满意度量化指标。

（3）新业务推介。结合了解情况，适时向客户推介新业务，以寻求再次合作机会。

3. 客户回访计划表

表 6－2－1 ________回访计划表

回访日期		回访方式		回访人员	
回访单位		回访对象		联系方式	
回访目的					
回访具体内容					
回访准备工作					
回访注意事项					
费用预算					

备注：为确保此次客户回访达到预期效果及目的，特制订本回访计划表。

学习情境

◆ 情境一 ◆

你是飞跃物流公司客服人员，公司主要业务是提供运输、货运代理、仓储、配送综合服务；制订整合物流资源的运作方案，为客户提供契约性的综合物流服务。

你将要对重要客户 A 进行回访，该客户之前送来的一批大米受潮变霉，经确认是由我方入库及保管不善造成的，已赔偿客户损失，现需要对处理结果进行见面回访，请写一份回访计划书。

（1）确定客户回访方案，包括关键点、具体内容。

（2）撰写客户回访计划表。

◆ 情境二 ◆

你是春秋养生馆客服人员，近日，针对已在本馆消费多年的 VIP 客户，养生馆拟推出一项新业务：

388 元综合体验卡（5 选 3）：

（1）完美身材打造设计　　1 次

（2）360 颈脑　　1 次

（3）高端光电养生仪器　　1 次

（4）逆转童颜术（面局部一条线）　　1 次

（5）NB 水凝透白护理　　1 次

备注：可以 5 项选 3 项体验，总价值：3 980 元。

顾客可在 12 月 20 日—1 月 31 日各品牌推广活动期间，精选自己没感受过的特色项目在阶段品牌推广活动时期体验。（特价卡项，一经购买，需立即挑选好体验项目，计算机入档，不做更改，请在指定时间内使用，过期作废！只限本人使用，不能一卡多人共享，一人只可购买一张卡，不退不换！）

请你针对此项新业务以电话回访兼推介的方式展开，写一份回访计划书。

（1）确定客户回访方案，包括关键点、具体内容。

（2）撰写客户回访计划表。

活动设计

1. 活动条件

常用资料：客户资料库、回访计划模板。

常用工具：计算机、笔、笔记本、便笺。

用 5S 现场管理法整理办公桌：整理、整顿、清扫、清洁、素养。

2. 活动组织

（1）大家分成 8 组，每组 6 人，以小组为单位提交一份客户回访计划表。

（2）环境和用具：有上网条件的场室（每小组至少有一台计算机），投影仪，若没条件也可布置课前查阅相关资料。

（3）按不同情境分别完成一份回访计划书。

（4）讨论和完成情境中的内容及任务。

（5）完成第一个情境的回访计划书后，重回第（4）开始依次完成其他情境的回访计划书的编写。

3. 注意事项

要求每组独立完成，不可抄袭。

4. 活动实施

活动实施见表 6－2－2。

表 6－2－2　活动实施

序号	步骤	操作及说明	服务标准
1	查阅回访客户信息	查阅相关客户资料	找出相关客户资料，确定回访计划书的内容及模板，为撰写回访计划书做准备
2	确定客户回访方案包括的关键点、具体内容	明确回访计划关键点、具体内容	回访目的明确、清晰。 回访内容可操作执行。 回访预算合理
3	编写回访计划书	撰写客户回访计划表	计划表结构完整，语言通顺简洁，无错别字，排版整洁美观

活动评价

活动评价见表 6－2－3。

表 6－2－3　评价表

评价标准	评价（是/否）	
	情境一	情境二
能提前查阅客户资料		
能确定电话回访方案包括的关键点		
能撰写电话回访计划：回访计划完整，内容符合要求、语言通顺简洁、排版整齐美观		

知识链接

1. 回访的一般形式

回访包括对客户进行的例行回访和针对大客户的特定回访。

2. 回访的时机

一般客户在遇到问题时，客户希望企业再次提供服务时是客户回访的最佳时机。如果能掌握这些，及时联系到需要帮助的客户，提供相应的支持，将大大提升客户的满意度。

强化训练

××旅行社客服人员近日接到多宗关于新冠肺炎疫情期间的退费投诉：因疫情影响，很多客户在 1 月 24 日前要求退团（2020 年 1 月 24 日之前的退票行为属于“自愿退票”，航企可收取一定费用），××方面要扣除已发生的费用（如航班及地接的费用）。客户对此不满，故投诉。

经核实，情况属实，需专门针对这部分客户进行微信回访，请写一份回访计划书。（可参照模板，按“基础知识”客户回访方案包括的关键点及主要内容进行增减）

职业能力 6-2-2 能按照规范流程完成客户回访

学习目标

1. 熟悉客户回访规范流程。
2. 能按照规范流程完成客户回访并及时记录。

核心概念

客户回访：是客户服务的重要内容之一，是企业用来进行产品或服务满意调查、客户消费行为调查、进行客户维系的常用方法。客户回访对于企业来说，不仅可以了解客户对服务的满意度，还可以创造客户价值。

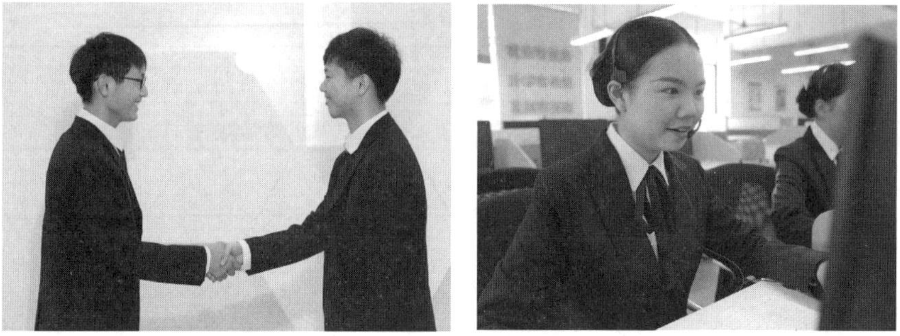

图 6-2-2

6-2-2 微课
“客户回访的重要性”

基础知识

1. 回访规范流程

调阅客户资料 ⇨ 预约回访时间（地点）⇨ 准备回访资料 ⇨ 按回访计划实施回访 ⇨ 及时记录及后续整理

图 6-2-3

（1）调阅客户资料。查阅要回访客户的相关资料和写好客户回访计划，充分了解回访客户，清楚回访计划内容。

（2）预约回访时间（地点）。客服人员及时与客户预约回访时间（面谈还需预约地点），注意时间和地点的预约要充分考虑客户的安排，避免打扰客户。

（3）准备回访资料。客服人员根据“客户回访计划表”提前准备好客户回访的相关资料，主要包括客户基本状况如姓名、单位、职位、年龄等；客户服务的相关记录；客户消费特点等。

（4）按回访计划实施回访。根据情况确定回访方式，具体有面谈回访、电话回访、微信回访等；按约定时间准时回访（若是面谈回访，最好留出几分钟时间检查衣着、发型，重要约会应提前5分钟到达）。

客服人员应热情礼貌，注意回访礼仪，全面了解客户需求和对服务的意见建议。回访结束后应将回访调用的资料归还公司。

（5）及时记录及后续整理。及时有效记录“客户回访记录表”，主要记录回访对象、时间、内容、客户主要意见等；客服人员在回访结束后根据“客户回访记录表”进行回访记录整理及汇总保存。

2. 客户回访记录表（参考）

表6-2-4 客户回访记录表

编号： 日期： 年 月 日

回访对象		所属类别		回访时间	
回访人员		回访形式		回访效果	
回访目的					
回访主要内容					
客户主要意见	客户对产品（服务）评价				
	客户对产品（服务）期望				
回访中遇到的问题					
改善客户服务对策					
备注/说明					
主管领导审核意见					

学习情境

◆ 情境一 ◆

你是飞跃物流公司客服人员，一家重要老客户A（实训时以充当客户的名字代替）之前送来的一批大米受潮变霉，经确认是我方入库及保管不善造成的，已赔偿客户损失（公司全额赔偿损失，免去受潮变霉大米仓储费，并赠送一个月20平方米储存费礼金，可直接抵扣仓储费）。客户对公司的失误意见很大，需进行面谈回访以了解客户对公司处理结果的意见。

请根据上节课撰写的回访计划书跟客户电话预约回访方式、回访时间和地点，准备回访资料，按回访规范流程进行面谈回访。

（1）根据公司业务状况结合客户特点选取合适的回访方式，因该客户是重要客户，此次对公司的失误意见很大，需进行面谈回访以了解客户对公司处理结果的意见。

（2）预约回访要点：回访方式、时间、地点，告知对方到访人员的姓名和身份；提前（一天）确认预约拜访时间。注意电话礼仪。

（3）准备好回访资料。

（4）准时赴约，进行回访。认真聆听客户的需求和意见，准确填写“客户回访记录表”，并进行整理及汇总保存。

注意：根据具体场合选择合适首语问好；介绍来意，表明身份；按回访计划内容进行回访，注意言谈及仪态；回访结束，礼貌致谢道别，离开前留下面谈回访资料或名片，回访登记表请客户确认签名。

◆ 情境二 ◆

你是春秋养生馆一名客服人员，请根据上节课对 VIP 客户（实训时以充当客户的名字代替）回访兼推介新业务的回访计划书跟客户预约回访方式、回访时间和地点，准备回访资料，按回访规范流程进行回访。

（1）根据公司业务状况结合客户特点选取合适的回访方式，本次拟采用电话回访（可以问询客户现在是否方便，如方便可以即时进行回访，如不方便另约时间）。

（2）预约要点：确定回访时间，告知对方回访人员的姓名和身份；注意电话礼仪。

（3）准备好回访资料。

（4）调整心态及个人状态，按约定时间拨打回访电话，准确填写“客户回访记录表”，并进行整理及汇总保存。

注意：根据具体场合选择合适的首语问好；介绍来意，表明身份，根据回访计划内容进行回访；使用礼貌语言；咬字清晰、音量恰当、语调柔和、音色甜美。讲话的内容要有序、简洁、明了；回访结束，礼貌致谢道别，通话结束时应由上级、长辈、客户、女士先挂，双方职级相当时，一般由主叫方先挂。

活动设计

1. 活动条件

常用资料：客户资料库、客户回访计划表、客户回访记录表。

常用工具：计算机（不具备两人一台计算机的条件可准备纸质客户回访记录表）、电话、笔、笔记本、便笺。

用 5S 现场管理法整理办公桌：整理、整顿、清扫、清洁、素养。

2. 活动组织

（1）在原来撰写客户回访方案的 6 人组内每两位同学结对训练，1 人作为客服人员，另 1 人作为客户，客服人员回访后要把回访记录表登记好，并录入系统。

（2）组内结对的 2 名同学按照情境模拟题进行回访实训，角色轮换操作。

（3）完成一轮训练后，大家及时点评纠错，再进行第二轮情境训练。

（4）巩固准备步骤和标准，并且举一反三，进行第三轮情境训练。

3. 注意事项

当同时训练，结对演练时，在集中办公环境内不能大声喧哗，避免影响其他组正常工作。另外，结对的同学做完一遍实训后要及时纠错总结促提升，并进行角色轮流操作，保证每个人都有机会充当客服人员。

4. 活动实施

活动实施见表6－2－5。

表6－2－5 活动实施

序号	步骤	操作及说明	服务标准
1	预约回访	（1）回访预约：确定回访方式、时间、地点等相关内容。 （2）提前与对方再次确认访问信息，若有变化，及时更改	（1）回访预约并确认，能充分考虑客户的实际与客户预约回访方式、回访时间和地点。 （2）根据具体场合选择合适的首语问好；咬字清晰、音量恰当、语调柔和、音色甜美
2	准备回访资料	（1）客户档案。 （2）客户回访记录表。 （3）名片、笔、本子等记录用品	（1）了解客户基本状况（姓名、单位、职位、年龄等）、客户服务的相关记录和客户消费特点等。 （2）清楚回访计划内容，熟练掌握回访记录表的填写。 （3）准备好客户回访记录表、资料，以及笔、本子等记录用品
3	按回访计划实施回访	（1）按约定时间准时回访，表明身份，按回访计划内容洽谈。 （2）注意言谈（面谈注意仪态，回访结束，礼貌道别，面谈回访在离开前，留下相关资料或名片）	（1）言谈举止得体，语调亲切自然、控制谈话节奏、音量恰到好处。 （2）专业自信、交流简洁、表达清晰。 （3）回访结束，礼貌道别；面谈回访留下资料或名片
5	及时记录及后续整理	（1）回访时及时有效记录“客户回访记录表”。 （2）回访结束后根据“客户回访记录表”进行回访记录整理及汇总保存	（1）按实际情况登记，记录完整回访。 （2）记录表请客户确认签名

活动评价

活动评价见表 6－2－6。

表 6－2－6　评价表

评价标准	评价（是/否）	
	情境一	情境二
能根据公司业务状况结合客户特点选取合适的回访方式（面谈回访/电话回访）		
能准时赴约，进行回访，注意面谈回访要点		
能完成预约要点：回访方式、确定回访时间，告知对方回访人员的姓名和身份；注意电话礼仪要点		
能准备相关资料（客户资料及回访计划资料、客户回访记录表）		
能调整心态及个人状态，按约定时间进行电话回访；注意电话礼仪		
能及时有效记录“客户回访记录表”		

知识链接

1. 面谈回访注意事项

（1）回访应选择在比较恰当的时间，不能搞“突然袭击”。到写字楼回访，最好不要选择星期一，因为新的一周开始往往是大家最忙的时候。在具体的回访时间选择上，最好是利用对方比较空闲的时间，并尽量避免占用对方的休息时间。

（2）到达回访客户单位时，首先应对接待处说明来意，进入接待室后，尽量坐在下座上等候，对方进来后应马上站起来，握手寒暄，并待对方坐下后自己再坐下。

（3）在谈话进行中，要注意自己的坐姿。在回访进程中还要留心对方的态度以及环境的变化，随机应变。

（4）回访时间不宜过长，当宾主双方都已谈完该谈的事情，叙完该叙的情谊之后就应及时起身告辞。

2. 电话回访礼仪要点

（1）拨打预约电话时确认回访对象：“请问××部的×××（先生/女士）在吗”，“麻烦您，我要找×××（先生/女士）”，“您好！我是×××”，必须要确认电话的对方，如与要找的人接通电话后，应重新问候。

电话内容：“今天打电话是想跟您预约……的时间（地点）。”

通话结束时：等对方放下电话后再轻轻放回电话机上。

（2）准备、确认回访对象的姓名、电话号码，准备好要讲的内容、说话的顺序和所需要的资料、文件等，明确回访所要达的目的。

（3）回访时，注意寒暄问候并告知自己的姓名“您好！我是×××”，一定要报出自己的姓名，讲话时要有礼貌。

（4）说明来意：简单扼要地说明来访意图。

（5）回访结束：注意结束语“谢谢”“麻烦您了”等。语气诚恳、态度和蔼。

强化训练

××旅行社总部客服人员近日接到多宗关于新冠肺炎疫情期间的退费投诉，其中：陈女士一行4人在广州××国际旅行社报名到上海迪士尼等地游玩。行程日期：2020年1月28日至2月1日，费用15 000元，陈女士表示因受新冠肺炎疫情影响于1月23日下午要求退团，××方面要扣除3 311元的费用。陈女士对此不满，故投诉。经核实，情况属实，按原来的相关规定处理，并对由此给客户带来的不可抗力损失表示深切歉意。请根据上节课对新冠肺炎疫情期间退费投诉电话回访计划书跟客户预约回访方式、回访时间和地点，准备回访资料，按回访规范流程进行电话回访。

工作任务 6-3 客情维护

职业能力 6-3-1 能根据客户类型制订客情维护计划

核心概念

客情维护计划： 在对客情关系的分析基础上，提出在未来一定时期内要达到的客情维护目标以及在未来一定时期内关于客情维护的行动方向、内容和方式的安排。

(a)

(b)

图 6-3-1

基础知识

1. 客情维护计划的准备工作

(1) 了解资源，制定目标。了解本企业资源和活动信息，参考企业制度规范，分析自身的优劣势，确定客情维护的目标，如改善客户关系、提高老客户满意度、推进本企业活动的有效开展等。

(2) 分析服务对象。

个体客户：了解客户基本资料，挖掘重点客户周边信息，了解客户喜好背景，分析客户需求。

整体企业：了解企业基本信息，分析企业需求，优化服务内容。

2. 客情维护的基本内容

(1) 客户的常规服务。客户的常规服务是针对所有类型客户均可提供的普遍性服务。主要包括以下内容：定期提供个性化的公司资讯活动，使用情况的跟踪反馈，特定客户常规性问候，如遇重大节日或客户生日等特别日子的问候。

(2) 客户的增值服务。客户的增值服务是在公司政策允许下，根据客户等级提供相应的服务。主要包括以下内容。

①接待服务，如餐饮接待、专室接待、专线接待、专员接待和专车接待等。

②合作服务，如优惠福利、返利福利、优先福利、免费上门安装或维修福利等。

③其他服务，如高级酒店针对重点客户需求而衍生出的管家服务等。

（3）非规律性重大事件的应对措施。非规律性重大事件的应对措施一般指重大环境事件或客户非规律性事件发生时及时给予的关怀与服务。

（4）客户群体的延伸服务。了解客户的上司、客户的下属、客户的亲人等密切相关群体的喜好和动向，将服务延伸到客户以外的群体。

3. 客情维护计划的类型

客情维护计划可按时间长短及维护周期分为周计划、月计划、季度计划、年计划等，客服人员可根据行业特性、客户类型和企业业务需要等制订选择计划。注意周、月、季度和年各层级的计划在确定目标时的递进关系。

4. 填制客情维护计划表

一般的计划表包括客户个人信息、与客户有关的重要事件，计划周期内的环境事件，维护频次、维护措施等内容。

表 6-3-1 客情维护月计划表

客户姓名		联系方式	
公司地址		爱好	
近期节日		与客户有关事件	
备注			
周	维护措施及工作重点		
一	致电客户		
二	节日慰问，并推送公司节日优惠活动资讯		
三			
四			

表 6-3-2 客情维护季度计划表

序号	级别	客户名称	客服人员	维护方式	维护措施
1	A	××	××	每周微信互动不少于 2 次。 每月不少于 5 个联系电话。 每月上门拜访一次	节日赠送礼物（288 元标准） 遇客户生日，携 10 磅蛋糕、鲜花、小礼物上门祝贺
2					
3					

学习情境

◆ 情境一 ◆

李阿姨今年56岁，退休，身体健康，联系方式为1869923××××，最近刚搬了新家，家中有老伴和一个未婚的女儿，李阿姨和老伴都爱好书法绘画，平时经常与朋友参加一些短途旅行，几乎每年的11月都会和老伴安排一次长途旅行，上一年度在××旅行社有2次短途旅行和1次长途旅行的消费记录，最近一次是上周参加了两天一晚的周边游，她的客户档案被归类为普通个人客户。××旅行社长期提供针对老年人的各种特色旅游线路，本周优惠力度比较大。

如果你是××旅行社的客服人员，应如何根据客户的实际情况制订客情维护周计划？

（1）查阅客户档案，掌握客户基本情况。

（2）为客户设计常规服务：包括每周不定期一次的日常问候、公司近期资讯活动的通知、对客户上一次旅行的满意度进行跟踪等。

（3）针对客户的重要事件及其亲人的喜好和动向及时给予关怀，如发送恭贺客户的新家入伙的信息、赠送书画类小礼物等。

（4）有序安排客情维护活动，并填制客情维护周计划表。

（5）根据客户反馈调整各项活动的内容和频次。

◆ 情境二 ◆

××公司是一家大型日用品公司，经常在××酒店开展培训、大型会议、年会等活动，是经常合作的重要企业客户，但今年其消费额比上年有一定的回落。该公司的活动组织由行政部安排，副总审批。（朱副总，男性，生日在11月17日，喜欢钓鱼；徐主管，女性，生日在5月9日，喜欢瑜伽，家庭观念强）10月15日是该日用品公司的周年庆，一般年会安排在元旦前一周举行。

如果你是该酒店的客服人员，应如何制订客情维护第四季度计划？

（1）查阅客户档案，掌握客户基本情况及其消费趋势变化。

（2）根据消费规律设计常规服务，需在企业允许范围内提供增值服务，如到店消费折扣、活动期间赠送茶点等。

（3）设计客户重大事件的关怀措施，为客户相关人员提供延伸服务，如周年庆赠送祝贺花篮、副总的生日祝贺等。

（4）合理安排各种形式的客情活动频次，按季度填制客情维护计划表。

（5）根据客户相关活动的变化灵活调整计划。

活动设计

1. 活动条件

客服工作台、客户相关信息资料、“客情维护周计划表”、“客情维护季度计划表”、常用办公工具。

2. 活动组织

(1) 大家分成8组，每组6人（根据班级人数进行调整）。4人作为客服人员，2人作为客服主管（评价员）。

(2) 每组按照各自不同的两种情境模拟题准备实训，角色轮换操作。

(3) 完成一轮训练后，大家及时点评纠错，再进行第二轮情境训练。

(4) 训练完成后总结本组资料模拟操作过程中的优缺点并分享。

3. 注意事项

在集中办公环境内不能大声喧哗，避免影响其他在岗客服人员的正常工作。

4. 活动实施

活动实施见表6-3-3。

表6-3-3 活动实施

序号	步骤	操作及说明	服务标准
1	做好制订客情维护计划前的各项准备	了解客户基本情况，结合自身的情况，制定客情维护目标。	(1) 背景资料分析准确。 (2) 客情维护目标清晰。
2	针对客户类型设计客户服务的内容	根据客户等级及其具体情况设计常规服务，提供增值服务，制定非规律性重大事件的应对措施，确定为客户周边群体提供的延伸服务。	(1) 活动设计符合客户特征。 (2) 服务内容丰富、全面，能体现对客户的个性关怀。
3	填制客情维护计划表	设计填制"客情维护计划周/月/季度/年计划表"，记录整体的工作重点，包括总体工作安排和跨周期的工作事项安排。	(1) 计划表填制整洁完整。 (2) 维护频次符合客户类型特征，不过高或过低。 (3) 周、月、季度和年计划的目标有递进关系。
4	调整及改善客户服务计划	根据销售或服务反馈调整客情服务计划，修改"客情维护计划表"	(1) 计划的及时更新调整。 (2) 调整后的"客情维护计划"更亲切、更有人情味

活动评价

活动评价见表6-3-4。

表 6-3-4 评价表

评价标准	评价（是/否）	
	情境一	情境二
能细致分析客户资料，确定清晰的客情维护目标		
能切合客户特征设计服务内容，体现对客户的关怀		
能有序安排各种服务，频次适中		
能制订完善的客情维护计划，执行性强		
能在掌握客户基本情况下，推测客户消费变化趋势		
能设计符合企业客户特征的增值服务		
能设计得当的个体服务		
能合理安排各种形式的客情活动频次		
能统筹安排合理的跨月工作事项，整体计划的设计利于与客户建立融洽关系		

知识链接

客情关系计划制订的基本流程

客情关系计划由客户服务人员负责制订，客服人员根据自行收集及销售人员提供的客户信息整理客户资料，进行客户销售业绩分析，划分客户等级，结合本企业及个人的资源情况，设计客户的常规服务，根据客户等级提供增值服务，根据环境及客户情况灵活地补充应对措施，为客户周边人群提供延伸服务，制作客户服务计划表，并根据计划实施情况进行计划表的调整及改进。

图 6-3-2 客情关系计划制订流程图

强化训练

你是一名化妆品公司的客服人员，最近公司针对新年有系列活动，包括优惠券、抽奖、礼品赠送等，请根据客户情况制订“客情维护月计划表”和“客情维护季度计划表”，客户相关信息如下：

王芳，联系电话为1368800××××，生日在2月20日，广州市天河区某会计师事务所会计师，工作时间是周一到周五的9:00—18:00，热爱舞蹈，是公司的忠实客户（A类），经常参加公司活动。

表6-3-5 客情维护月计划表

客户姓名		联系方式	
公司地址		爱好	
近期节日		与客户有关事件	
维护措施		备注	
周	工作重点		
一			
二			
三			
四			

表6-3-6 客情维护季度计划表

序号	级别	客户名称	客服人员	维护方式	维护措施
1					

职业能力 6-3-2 能用客情维护方式和技巧维护客情

核心概念

客情关系：产品、服务提供者与其客户之间的情感联系。

客情维护：在公司明文规定的政策之外，充分调动所能争取的资源及运用个人的努力与魅力给予客户情感上的关怀和满足，以便为正常的工作创造良好的人际关系环境。

图 6-3-3

6-3-1 视频
"大染坊-客情维护"

基础知识

1. 客情维护的基本原则

（1）先做人，后做事。客服人员对待客户需真诚守信，客情维护着重先与客户建立相互认可的关系，进而再推进业务工作的开展。

（2）给客户提出有价值的建议。客服人员应真心诚意地帮助客户并提供完善的建议，解除客户戒备心理，取得客户的信任。

（3）设身处地，换位思考。客情维护时应站在客户的立场和处境思考问题，了解客户的观点和感受，体察和认知客户的情绪和情感。

（4）态度大于结果。客服人员开展客情维护时应及时诚恳，不与客户辩论，问题处理时及时通报处理事件的进程。

2. 客情维护的方式

（1）上门拜访。是指客服人员亲自到客户公司或家里，面对面地与客户开展情感交流的一种客情维护方式。

（2）电话拜访。是指通过电话对客户进行问候，表达对客户关怀的一种客情维护方式。

（3）社交软件交流。是指利用各类社交软件，如 QQ、微信、钉钉等，与客户进行工作以外的交流。

（4）新媒体沟通。是指利用各种新媒体方式，如博客、播客、视频、电子杂志、网页自主服务等与客户传递信息的一种客情维护方式。

（5）其他。如以发送短信、电子邮件、传真、寄贺卡等方式开展客情维护等。

3. 客情维护的技巧

（1）常规性周期型客情维护。拜访时间不可太过规律，需弱化客户心目中的工作氛围，强化情感印象。

拜访内容应为客户量身定做，以体现关怀为主，但不可过度。

开展重大节假日客情维护，传达贺词时要亲力亲为，要充分根据客户的个性特点选择维护方式，贺词内容要真诚，并选择合适的礼品。

（2）重大营销事件发生时的客情维护。重大营销事件特指客户的企业或单位有重大营销事件，如新店新厂开业，参加广交会等，需给予问候或亲临现场提供帮助，注意适当赞赏，建立亲近的关系。

（3）客户个人情境客情维护。一般包括客户生日、客户非规律性重大喜事，如客户得子、结婚等，客户非良性意外事件，如客户亲人去世、客户本人生病等情况。

需收集准确信息，及时给予问候或慰问，要注意观察客户情绪，沟通时间不宜过长。

（4）重大环境事件客情维护。客户所在区域遭遇到如自然灾害、传染病侵袭等重大环境事件时，要及时联系客户表示对事件的关注，并表达对客户本人安全的担心，也可提供适当帮助或问候，注意耐心倾听，关怀真诚。

（5）客服人员个性客情维护。是指客服人员根据自己的特点，随时留心进行客情维护的机会。

需经常与客户沟通、平等交流，主动帮助客户解决各类问题，注意沟通频次需适当，逐步加强与客户的关系。

学习情境

◆ 情境一 ◆

王小姐是一名办公室白领，是经常购买某公司化妆品的老客户，喜欢摄影，平时经常在朋友圈分享自己的摄影作品。

如果你是一名化妆品公司客服人员，新年来临之际请你使用微信开展客情维护。

（1）主动添加其为微信好友，表示对客户的关心和关注。

（2）关注客户朋友圈的动态，做适当的评论。

（3）建立微信客户群，邀请客户进群，让王小姐自由分享产品使用效果及方法，发表需求和意见。

（4）主动发送简单而真挚的新年祝福语、新年优惠或上新消息。

（5）私信发送客户已购产品的物流信息。

◆ 情境二 ◆

如果你是一名某食品公司的客服人员，公司重要客户徐先生所在地正流行着严重的流感，你如何开展客情维护？

（1）关注当地病情控制情况，给客户不定期发送相关动态。

（2）及时联系客户，询问客户身体情况，对其健康表示关心。

（3）可以搜索相关保健知识发送给客户。

（4）邮寄赠送预防流感的相关紧缺物资。

◆ 情境三 ◆

如果你是一名客服人员，从销售人员的信息反馈中知道客户吴总的父亲前天去世了，你应该如何开展客情维护？

（1）知道消息后应在第一时间致电问候，但电话语言要言简意赅。

（2）简单慰问后，真诚主动地对客户表示暂缓公事的处理，不要谈及任何交易事宜。

（3）赠送花圈或适当的帛金表示心意。

（4）如双方关系已经比较密切，可询问客户是否方便前往悼念。

活动设计

1. 活动条件

客服工作台、客服接待区、必备的文具。

2. 活动组织

（1）大家分成8组，每组6人（根据班级人数进行调整）。2人作为客服人员，2人作为客户，2人作为客服主管（评价员）。

（2）每组按照各自不同的三种情境模拟题进行客户资料收集实训，角色轮换操作。

（3）完成第一轮情境训练后，大家及时点评纠错，再进行第二轮情境训练。以此类推完成三轮情境的模拟训练。

（4）训练完成后总结并分享本组资料收集和填写模拟操作过程中的优缺点。

3. 注意事项

在集中办公环境内不能大声喧哗，避免影响其他在岗客服人员的正常工作。

4. 活动实施

活动实施见表6－3－7。

表6－3－7　活动实施

序号	步骤	操作及说明	服务标准
1	开展常规性周期型客情维护	（1）添加客户手机、邮箱、微信、QQ、钉钉等个人账号。 （2）关注客户发表的动态，点赞和发表有价值的评论。 （3）建立客户群组并在群内发布产品使用信息。 （4）私信客户发送优惠或上新消息、客户个性服务信息等。	（1）通信软件和工具使用熟练。 （2）语言活泼、亲切，态度诚恳。 （3）信息传达清晰。

续上表

序号	步骤	操作及说明	服务标准
2	开展与客户相关重大事件的客情维护	（1）及时致电联系客户了解情况或问候表示关心和关注。 （2）搜索相关信息并推送给客户。 （3）询问客户需求并提供帮助，或表示祝贺。	（1）语气温和，语言真挚。 （2）维护过程体现对客户的真心关怀。
3	开展客服人员个性客情维护	（1）分析自身的特长及特点。 （2）找到与客户的共同话题，展开交流。 （3）关注客户需求，主动帮助客户解决问题	（1）态度真诚热情。 （2）语音语调要平和。 （3）语言生活化

活动评价

活动评价见表 6－3－8。

表 6－3－8　评价表

评价标准	评价（是/否）		
	情境一	情境二	情境三
能熟练使用微信工具			
能使用活泼亲切的语言，态度诚恳			
能言而有物地发表客户朋友圈的评论			
能通过各种渠道及时掌握实时消息			
能使用亲切的语言沟通，让客户感受到真心关怀			
能给客户传递准确的信息			
能主动为客户提供帮助			
能礼貌适度地表达慰问，语言真挚			
能使用符合民俗慰问的方式，让客户感觉舒适			
能控制通话时间			

知识链接

赠送礼品的技巧

1. 按客户的重要程度选择不同价值的礼品

对于大客户，可以选择一些高档且有品位的礼品，如果是小客户，可选择一些物美价廉的精致小礼品。

2. 根据客户的爱好挑选礼品

挑选的礼品符合客户爱好更能打动客户的心，如对于爱美的女性客户，可选择高档化妆品套盒；对于喜欢喝茶的客户，可选择好茶叶或茶具；对于平时吸烟喝酒的客户，可以选择一些好烟好酒等。

3. 赠送私人性质的礼品

针对个人客户要选择使用频率大、留存率高的私人用品。

4. 在最合适的时间送出礼品

选择一个能有效洽谈的时间送礼，给客户留下深刻的印象。

5. 礼品的包装

礼品的包装一定要精致美观，假如是选择大批量的同一种礼品送客户，最好是专属定制，或者在包装上印上公司标志。精致的包装能提高礼物档次，更能体现心意。

6. 明确送礼的目的

送礼的目的一定要明确，并在送礼后将自己的来意表达清楚。

7. 送礼时态度要诚恳

送礼时的措辞要大方得体，举止要落落大方。

强化训练

请根据下列情境，列举进行客情维护时常用的方法和技巧，并在班级群开展讨论。

表 6－3－9

情境	常用方法	常用技巧
中国情人节的到来		
客户儿子考上大学		
客户母亲生病康复出院		